中國學術思想研究輯刊

十三編

林慶彰 主編

第26冊

禪宗對語言與真理的看法——一個西方哲學的理解進路

謝孟錫 著

花木蘭文化出版社

國家圖書館出版品預行編目資料

禪宗對語言與真理的看法——一個西方哲學的理解進路／謝孟錫 著 — 初版 — 新北市：花木蘭文化出版社，2012〔民101〕

目 2+162 面；19×26 公分

（中國學術思想研究輯刊 十三編；第 26 冊）

ISBN：978-986-254-809-7（精裝）

1. 禪宗 2. 語言哲學 3. 眞理論

030.8 101002176

ISBN-978-986-254-809-7

9 789862 548097

中國學術思想研究輯刊

十三編 第二六冊 ISBN：978-986-254-809-7

禪宗對語言與眞理的看法——一個西方哲學的理解進路

作　者 謝孟錫

主　編 林慶彰

總 編 輯 杜潔祥

出　版 花木蘭文化出版社

發 行 所 花木蘭文化出版社

發 行 人 高小娟

聯絡地址 新北市永和區中正路五九五號七樓

電話：02-2923-1455／傳眞：02-2923-1452

網　址 http://www.huamulan.tw 信箱 sut81518@gmail.com

印　刷 普羅文化出版廣告事業

封面設計 劉開工作室

初　版 2012 年 3 月

定　價 十三編 26 冊（精裝）新台幣 42,000 元

禪宗對語言與眞理的看法

——一個西方哲學的理解進路

謝孟錫 著

作者簡介

謝孟錫，號小山老師。西元 1965 年出生於台灣高雄市。自幼好疑。大學曾就讀數學系，後來畢業於淡江大學中國文學系。受楊祖漢老師啟蒙，進入文化大學哲學碩士班就讀，接受程兆熊老師指導禪學。

曾獲第十二屆耕莘文學獎小說首獎。服完兩年海軍陸戰隊兵役後，進入和春技術學院，服務迄今。除任職於高等教育外，同時擔任高雄市私立小山托兒所顧問一職，並積極參與台灣教育改革，曾擔任人本教育文教基金會高雄辦公室工作委員十餘年。

提　　要

禪宗，作為近代佛教最為壯碩的分支，在現代以資本主義為主要背景的西方頹勢文明裡，確實是足以與之相抗衡的東方文明代表。

然而，兩種文明的溝通，需要適當的橋樑。這正是本篇論文的初衷。

「教外別傳，不立文字，直指人心，見性成佛」。這短短的四句偈，揭開禪宗波瀾壯闊的佛法氣象。

佛學浩瀚無涯，包含相當於西方原始哲學裡的一切面向。然而，禪宗最為殊勝，且遠遠超越西方文明之處，就在於禪宗對於「心靈真理」與「陳述真理的工具 - 語言」，所提供的真知灼見。

而「真理」與「語言」，就正好是一切「了解 Understanding」的礎石；猶如「目的地」與「地圖」，是「旅行」所賴以為繼的一切。

首先，根據我淺陋的理解與掌握，我選擇 索緒爾 Ferdinand de Saussure（1857 ～ 1913）的理解，來作為「語言」的背景架構；再疊重上 維根斯坦 Ludwig Wittgenstein（1889-1951）對語言的反省，然後就可以與《楞伽經》與《金剛經》裡對語言的洞見相接軌。

其次，我根據 休姆（David Hume，1711 ～ 1776）透過對「知覺」與「反省」的探討缺失，繼續逼問出「心靈模型」的雛形。再根據《楞伽經》、《金剛經》與《六祖壇經》找出「心靈模型」的正確狀態，而後直抵佛法的終極真理——心靈的真相。

目次

緒　論

一

在我們所處的這個時代，中國的知識份子普遍存在著一種心靈上的認知割裂；對一個深深陷於西方文明洪流之中的中國心靈而言，東方的古老智慧，竟是如此地陌生與難以擁抱。我最誠實的感覺是，中國文化的曙光仍未透顯出來；我們的文化仍然沉浸在黝暗的漫漫長夜之中，我們對西方文明的吸收與消化，仍未開拓出一個具有突破性的全新局面。什麼才稱得上「突破性的全新局面」呢？我的意見是，我們必須跨過格義和比附的階段，不能夠只滿足於以西方的粗壯樹幹來暫時為奄奄一息的古老中國作「接枝」的權宜之計。我們應該瞻望一顆全新的文化種子，它必須擁有最古老的到最新生的所有文化基因，然後被播種於同一塊溫熱的沃土之上，生發出具有全新枝幹的中國文化。

這正是真正支持著我大膽嘗試撰寫這篇論文的內在動機。

二

這篇論文只有一個簡單的企圖：

如何以最恰當的方式，
將我所理解的禪宗，
以文字表達出來？

所謂「最恰當的方式」，在我目前的能力範圍之內，就是在說明的過程之中，一律使用現代人所可以理解的語言概念。而我又發現，對於一般接受過西方學術訓練的現代人而言，禪宗對他們所造成的可能的困擾，主要來自於兩個方面：

語言與真理。

而這個困擾的產生，又來自於，東西方文化，長久以來，在語言與眞理的認知上，一直有著重大的歧異，因而就造成了理解上的隔閡。

三

因此，這篇論文的撰寫策略就在於：

根據我對禪宗（特別在語言與眞理上的洞識）的理解，我主觀地選擇了索緒爾（Ferdinand de Saussure, 1857～1913）、維根斯坦（Ludwig Wittgenstein, 1889～1951）和休姆（David Hume, 1711～1776）的學說，來作爲討論的兩個重點，並分別對他們的主要論點加以鋪陳、說明、和質疑，最後，經由合理的批判，再從他們所停止的地方繼續前進，一直到得以與禪宗的洞識相會合之處。

所以，我採取了以下三個步驟：

步驟 1、先透過索緒爾、維根斯坦來釐清語言的本質。

步驟 2、再透過休姆來說明眞理的基礎。

步驟 3、結合前兩個步驟，對眞理與語言的相互關係和二者的本質作進一步的闡釋；並據以說明禪宗的智慧。

四

關於寫作體例上，有一點必須加以說明：

這篇論文所有論述的根據，都建立在一個簡單的理論架構之上；而這個理論架構的核心意見是：

透過對語言與眞理的釐清與融貫理解，我們才能夠儘可能地以現代的觀念來理解禪宗。因此，對語言與眞理的分別討論，是這個理論架構的兩個支點；唯有這兩個支點被充份地建立起來，我們才有可能去期待位於其上的任何建築。

於是，在上述的前提之下，我所面臨的首要困難是一個普遍的情境：

人類使用語言來漸次地陳述可能的眞理，也透過語言來漸次地理解可能的眞理；也就是說，在人類使用一般語言來從事論述的行進過程中，所謂的「理解」與「陳述」，都先天地〔註 1〕被限定於單一向度（onedimension）的線

〔註 1〕所謂先天地，係指基於某種不可知的原因，人類已經習慣於如此的用法；因

性軌道之中，即，文字與語言，都必須一一累列而出。

於是，這個普遍的情境對我所造成的困擾是：

（1）首先，我要追問的秘密（語言、眞理、禪宗），必須在我的追問過程中，以引用資料的身份先行出現；因爲在論述過程中，我必須鋪陳我如此論述的根據，而且必須對它作某種程度的闡釋，以便讀者了解我引用它的用意和我對它的理解。

但是，問題就出在這裡。所謂的「某種程度的闡釋」，永遠是不夠充份的；因爲眞正充份的闡釋只可能存在於這篇論文的最後章節，那正是論述所以會在那裡停止的唯一理由。

於是，一個兩難的局面浮現了。因爲在過程當中所有對引文的闡釋都已經先天地被決定了它們的不夠充份，那我如何可能使我的讀者充份了解到這些引文的內容呢？而倘若我的讀者無法充份了解這些引文的內容，那他們如何能夠在我尚未得出最後的秘密之前，充份信賴我的所有論述，並進而信賴我的結論呢？

（2）其次，既然我認爲，我所要陳述的任何簡單事實，在其面相上，都因著我們對語言與眞理這兩個概念在瞭解上的混淆不清，而被置於一種渾沌難解的處境中；那麼，在我論述的過程中，特別在前面的部份，當我正沿著某一條線索，由一個簡單的點，切入到任何一個論點的時候，諸位會發現，線索本身是清楚的，因爲它已經呈顯出來了，但是，它所帶領我們穿越的諸多論點，卻是我們尚未能夠完全掌握的（因爲其他的線索與線索之間的關聯尚未被說明）；更清楚地說，我們往往會沿著一條線索，由一個點，被帶到一個面，但事實上，這個面的其他新增加出來的點卻是尚未被瞭解的，可是，沿著線索，我們又必須繼續進行下去，……圖示如下：

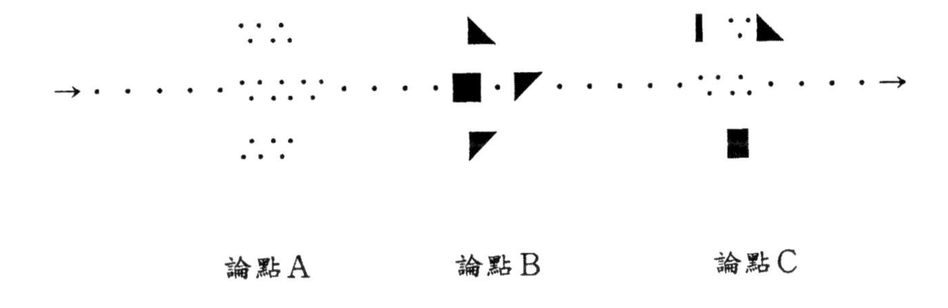

爲它只是約定俗成的，所以，在大家共同承認、遵守此種表達的方式之下，我說它是先天地已被決定了的。

例如：

（什麼是人？）

→（人的特質之一是：）

→（人經常感覺寂寞）

→（所以他要求某種形式的社會生活）

→（但社會生活往往要求人對它盡某些相對的義務）

→（所以人爲了解決他的寂寞就必須付出某種代價）

→（人因著天性中的特質而必須對社會付出）

→（人因著天性而對社會付出）

→（對社會的付出是人的命運之一）

於是，在絕大多數的情形下，受限於我們的語言、文字的天性，任何的推論，往往是不可能周全的。〔註2〕情形和上一點如出一轍，在這種狀況之下，我如何使我的讀者，願意信任我，而跟著我的線索繼續探討下去呢？

爲了解決這個難題，我必須嘗試一種新的寫作體例。

那就是：

我在凡是對引文或推論而得的結論缺乏充份說明的章節之中，以〔問題X〕或〔待續X〕所標示的疑問句或直述句來指出所缺乏的說明；同時也藉以暗示，該處所陳述的論點與整體理論架構的內在關聯。然後，當然，在其後的適當章節（當所有必須的線索都齊全之後），例如每一章的結論部份或全篇論文的最後結論部份，再總的作一個完整的說明。

五

最後，由於我必須儘可能排除論述過程中在論點上的可能跳躍，所以，在義理的說明上，我必須採取非常緩慢的速度，以提供諸位對這個新方向一個充份的理解基礎；因此，我必須請求我的讀者在閱讀這篇論文的過程中，給予它相當的耐心與諒解。

我相信，對一個新方向而言，這應該是一個合理的要求。

〔註2〕關於這點，我們會在第二章中，繼續加以說明。

第一章　語言的本質

前　言

這一章的目的在於企圖釐清語言的本質，或提供一個關於言說現象，較清晰、較全面性的鳥瞰。

進行的次序將是，我先提供一個禪宗對於言說現象的明確意見。此對言說的意見原本即已貫穿著整個佛教的智慧，由釋迦牟尼開始，一直到中國禪宗初祖達摩東渡，傳二祖慧可、三祖僧璨、四祖道信、五祖弘忍，至六祖慧能才大振禪風，明顯樹立頓教法門。

其次，我將藉由索緒爾的《通用語言學教程》〔註1〕中對語言的考察和維根斯坦在《邏輯哲學論說》〔註2〕與《哲學探討》〔註3〕中對語言與哲學的探討來逐步展現兩人對言說現象與哲學之關係的探索成果。如此我們將可以對言說的諸現象獲得一個較爲恰當的掌握，進而可以對它的本質作一個公允的裁決。

〔註 1〕Ferdinand de Saussure：*Course in General Linguistics,* edited by Charles Bally and Albet Sechehaye, in collaboration with Albert Riedlinger, translatedby Wade Baskin, The Philosophical Library, Inc., Taipei, 1959.以下簡稱《教程》。

〔註 2〕Ludwig Wittgenstein：*Tractatus Logico-Philosophicus,* translated by D. F. McGuinness, Routledge & Kegan Paul Ltd., London, 1974.以下簡稱《論說》。

〔註 3〕Ludwig Wittgenstein：*Philosophical Investigations,* translated by G. E. M. Anscombe, Basil Blackwell & Mott, Ltd., Oxford, 1967.以下簡稱《探討》。

第一節　禪宗對言說現象的意見

《大梵天王問佛決疑經》卷上，〈初會法付囑品第一〉：

爾時世尊四視而言，我今涅槃時到，汝等有所疑者，一一可問，勿遲滯，爾□大梵天王，即引若干眷屬來，奉獻世尊於□□羅華，各各頂禮佛足，退坐一面，爾時世尊即拈奉獻□色婆羅華，瞬目揚眉，示諸大眾。是時大眾默然無措，□□有迦葉□□破顏微笑，世尊言，我有正法眼藏，涅槃妙心，即付囑于汝，汝能護持，相續不斷。時迦葉奉佛勒，頂禮佛足退。……然今復拈華示眾，……夫諸佛密意者，以言辭而不可測度，何以故，是法非思量，分□□能解，即是唯佛與佛究盡法，汝等□□□當知，以其言辭者，則每會隨宜之法也，不隨宜之法，則不可言說，是故有如是□□□事，汝等當知，如是法不自法也，不他法也，復雖不離自他法，眾生親證而得焉，一切諸佛亦復然矣。而今付囑如是法於迦葉者，迦葉久遠成佛。……〔註 4〕

《大涅槃經》卷二：

爾時佛告諸比丘，汝等不應作如是語，我今所有無上正法，悉以付囑摩訶迦葉，是迦葉者，當爲汝等作大依止，猶如如來爲諸眾生作依止處，摩訶迦葉亦復如是，當爲汝等作依止處，譬如大王多所統領，若巡遊時，悉以國事付囑大臣，如來亦爾，所有正法，亦以付囑摩訶迦葉。〔註 5〕

《五燈會元》卷一：

世尊因有異學問：「諸法是常邪？」世尊不對。又問：「諸法是無常邪？」亦不對。異學曰：「世尊具一切智，何不對我？」世尊曰：「汝之所論，皆爲戲論。」世尊一日示隨色摩尼珠，問五方天王：「此珠而作何色？」時五方天王互說異色。世尊復藏珠入袖，卻抬手曰：「此

〔註 4〕續藏經，冊八十七，頁 303。標「□」處爲原文字脱落者。以下引出《佛祖統記》卷五，大正四九頁 170 下，所載王安石所言此段者，以補充脱落：梅溪集》荊公謂佛慧泉禪師曰：『世尊拈華，出自何典？』泉云：『藏經所不載。』公曰：『頃在翰苑，偶見《大梵天王問佛決疑經》三卷，有云：梵王在靈山會上，以今色波羅花獻佛，請佛説法，世尊登座，拈華示眾，人天百萬，悉皆罔措，獨迦葉破顏微笑，世尊曰：吾有正眼法藏，涅槃妙心，分付迦葉。』」

〔註 5〕《大正藏》，冊一二，頁 377，下欄。

珠作何色？」天王曰：「佛手中無珠，何處有色？」世尊嘆曰：「汝何迷倒之甚！吾將世珠示之，便各彊說有青、黃、赤、白色；吾將眞珠示之，便總不知。」時五方天王悉皆悟通。……世尊因有外道問：「不問有言，不問無言。」世尊良久。外道讚嘆曰：「世尊大慈大悲，開我疑雲，令我得入。」乃作禮而去。阿難白佛：「外道得何道理，稱嘆而去？」世尊曰：「如世良馬，見鞭影而行。」〔註6〕

禪宗宗旨：

教外別傳，不立文字，直指人心，見性成佛。

以上的第一、二段引文，爲禪宗由釋迦牟尼處，得傳此一以心傳心之法的諸多根據之一。段三則是世尊實際教誨的記錄，由此才有第四段的禪宗的根本宗旨。由第四段引文的前兩句「教外別傳，不立文字」，我們可以覺察到，這是一個非常明顯的有關於語言的主張，所以，我們可以由對這二句話的理解，來作爲進入禪宗智慧的線索。

一

《楞伽經》卷三：

佛告大慧：一切聲聞緣覺菩薩，有兩種通相，謂宗通及說通，大慧：宗通者，謂緣自得勝進相，遠離言說文字妄想，趣無漏界自覺地自相，遠離一切虛妄覺想，降伏一切外道眾魔，緣自覺趣光明輝發，是名宗通相。云何說通相，謂說九部種種教法，離異不異有無等相，以巧方便隨順眾生，如應說法，令得度脫，是名說通相，大慧：汝及餘菩薩，應當脩學。

佛告大慧：三世如來，有兩種法通。謂說通、及自宗通。說通者，謂隨眾生心之所應，爲說種種眾具契經，是名說通。自宗通者，謂修行者，離自心現，種種妄想，謂不墮一異，俱不俱品。超度一切心意意識，自覺聖境界，離因成見相，一切外道聲聞緣覺，墮二邊者，所不能知，我說是名自宗通法。大慧：是名自宗通，及說通相，汝及餘菩薩摩訶薩，應當修學。爾時世尊欲重宣此義，而說偈言。

我謂二種通　宗通及言說

〔註 6〕《五燈會元》，（宋）普濟著，文津，臺北，1991。

說者授童蒙　宗爲修行者〔註7〕

由以上這二段關於說通與宗通的分別，我們可以理解如下：說通與宗通是諸菩薩們應當一併修學的教化能力與實踐方法；

說通，是一種透過九部種種教法來教育、開導眾生的能力。

宗通，是一種遠離言說文字妄想，藉自修、自證的實踐心行，以悟入佛道的方法。〔註8〕

再回到「教外別傳，不立文字」的問題上。由《楞伽經》這兩段關於宗通與說通之分別的經文，再一次和以下兩段文字比較：

《大梵天王問佛決疑經》卷上，〈初會法付囑品第一〉：

尒時世尊即拈奉獻□色婆羅華，瞬目揚眉，示諸大眾。是時大眾默然無措，□□有迦葉□□破顏微笑，世尊言，我有正法眼藏，涅槃妙心，即付囑于汝，汝能護持，相續不斷。時迦葉奉佛勒，頂禮佛足退。

禪宗宗旨：

教外別傳，不立文字，直指人心，見性成佛。

我們似乎可以有如下的理解：

「教外別傳，不立文字」，指的是外於佛教九部種種教法，不依言說、文字而傳的佛法。因此，這兩句話應該可以被視爲：世尊的另一種教育方式。這一種新的教育方式與說通的舊教育方式，倘若從表面上對言說、文字的運用上來看，幾乎是完全相反的。

〔問題一〕

爲什麼沿著正好相反的路徑，卻能達到相同的目的呢？究竟語言、文字

〔註7〕《楞伽經》經文，引自《楞伽大義今釋》，南懷瑾述著，老古文化事業公司，臺北，1991。又，該書的《楞伽經》經文，以臺北市善導寺、臺灣印經處出版的《楞伽經》爲根據。

〔註8〕源於《楞伽經》，佛教傳至中土而有宗門、教門之分；宗門即宗通，即自參自證之實踐禪法；教門即說通，即不離自性，不墮二邊，說法自在之教理。（以上說法，見《禪宗源流與修持法》，月溪禪師著，天華，臺北，1980，pp.49-51）但這種簡略的分類會造成重大的誤導，讓聽者以爲：宗門與教門爲平行的兩種成佛途徑，宗門重心行，教門重口說；並進而造成種種莫需有的紛爭與障蔽。倘若我們從《楞伽經》這兩段經文仔細來看，這兩種通相應該是並具於一身的；宗通爲本，世尊指示其爲遠離文字妄想，自修自證成佛的實踐法門；說通，是爲教化眾生的能力，能於隨應說法中，不離自性，不墮言語二端虛幻妄想，設巧方便，以善導眾生遠離文字妄想，緣自覺趣光明輝發。

的本質是什麼呢？爲什麼對它抱持著贊同與反對，兩種不同態度的方法，居然都能終於達成相同的目的呢？

在這一章中，我們的主要目的正在於解決關於言說與文字的疑惑。因此，接著我們再繼續看三段有關於言說與文字的經文。

《楞伽經》卷三云：

大慧復白佛言：「如世尊所說，我從某夜得最正覺，乃至某夜入般涅槃，於其中間，乃至不說一字，亦不已說當說，不說是佛說。世尊！如來應供等正覺，何因說言，不說是佛說？」 佛告大慧：[我因二法故，作如是說……」

《五燈會元》卷一：

世尊臨入涅槃，文殊大士請佛再轉法輪。世尊咄曰：「吾四十九年住世，未曾說一字，汝請吾再轉法輪，是吾曾轉法輪邪？」

《金剛經》非說所說分：

若人言，如來有所說法，則爲謗佛，不能解我所說故。〔註 9〕

第一段的《楞伽經》引言與第二段《五燈會》]4 元上的記載，世尊都明確地否認自己在四十九年當中曾經說過一個字。可是，在他如此說的當下，他難道不正在說話嗎？這不是很明顯地自相矛盾嗎？然而在第三段的《金剛經》裡，我們似乎可以找到一個線索。

這個線索的意思是說：這個表面上的矛盾，關於究竟是有說、還是沒說的爭端，完全是因爲人們不了解佛所說法的意義而引起的。

所以，在此我們似乎可以得到一個心得：

究竟，對佛有或沒有說法的裁決，端視我們了不了解佛所說法的意思而定。所以，在現實上，在我們的經驗觀察裡，佛的確像我們一樣有開口說話，指示我們以解脫成佛的方法，但是，假如我們終於可以了悟佛所說法的眞義的話，我們是不會宣稱佛有所說法的。

二

對於這個心得，可以用一個例子來說明。

「神珠衣櫃」之喻：

〔註 9〕《金剛經》，取自一般流通本。

舉例來說，倘若你正因爲蠹蟲咬壞衣服而苦惱。可是事實上蠹蟲的繁殖又是因爲你的衣櫃緊靠浴室，太過潮溼所引起，但是你不但不知道其中緣故，又懶得去移動笨重而潮溼的衣櫃，只是天天對你的摯友抱怨你的衣服逐漸被咬壞。

一天，你的摯友送你幾粒據說非常名貴的白色神珠，並與你合捧珠子照相留念，然後囑咐你將它用布分開包好，藏放在衣櫃的衣服堆裡和衣櫃的所有角落，而且一定要透過陽光由外面曝曬衣櫃，再間接烘暖衣服，如此才可以保存這些稀世之珍。於是你爲了要好好保存這些神珠，就千辛萬苦地把衣櫃移到窗邊乾燥向陽處，又天天以吹風機烘乾潮溼已久的衣櫃。一個月後，那個送你珠子的摯友打電話通知你，說他明天要過來看那些神珠。這時，你卻發現那些神珠不見了！而且你又千眞萬確地知道沒有遺失或遭竊。你因而心中懊惱萬分，而且心焦如焚，不知如何是好。

現在，你該怎麼辦呢？你想像著，倘若明天你的摯友知道了這件事之後，因而勃然大怒地逼問你，他究竟有沒有給你那些神珠時？你該如何回答呢？

回答有，可是又莫名其妙的失蹤了，無法對摯友交代。回答沒有，可是明明又有相片爲證，怎樣也無法耍賴。

當天夜裡，你輾轉反側，無法入眠，既痛惜珍寶失蹤，又自覺無顏面對摯友。天色才剛微亮，你就不安地又去搜索已經翻了幾百遍的衣櫃。忙亂之間，你突然發現所有的蠹蟲都不見了，而且衣櫃中的衣服都淡淡地透著絲絲樟腦的餘香，這時，你才終於恍然大悟究竟發生了什麼事。

天大亮後，你的摯友來了，他微笑著問你：我有沒有送你神珠？

這時，你該如何回答呢？你還會像前一天那樣地作有或沒有的回答嗎？究竟該如何回答呢？究竟發生了什麼事？

以上的這個譬喻意謂著什麼？讓我們再來看一段《五燈會元》的記載和回顧剛才《金剛經》的引文。

《五燈會元》卷一：

> 世尊於涅槃會上，以手摩胸，告眾曰：「汝等善觀吾紫磨金色之身，瞻仰取足，勿令後悔。若謂吾滅度，非吾弟子。若謂吾不滅度，亦非吾弟子。」時百萬億眾，悉皆契悟。

《金剛經》非說所說分：

> 若人言，如來有所說法，則爲謗佛，不能解我所說故。

〔問題二〕

爲什麼說世尊滅度或不滅度都不對呢？百萬億眾究竟都契悟了什麼？又，佛的眞義究竟是什麼呢？

三

以下兩大段引文皆引自《楞伽經》。據傳禪宗初祖達摩傳法給二祖慧可時，所付經書即爲《楞伽經》。

《續僧傳》卷十六〈慧可傳〉：

> 初，達摩禪師以四卷楞伽授可曰：我觀漢地，惟有此經，仁者依行，自得度世。〔註 10〕

又，《楞伽經》在全部佛法與佛學中，無論在思想、理論或修證方法上都是很主要的經典。〔註 11〕由於《楞伽經》中的這兩段經文都對言說現象作直接的說明，因此我將首先對經文分段作白話解釋，並再把每段經文中對語言的意見清楚地條列出來，以供在下一節作討論之用。

《楞伽經》卷三云：

> 3.1 爾時大慧菩薩白佛言，世尊，如世尊所說，菩薩摩訶薩當善語義，云何爲菩薩善語義？云何爲語？云何爲義？佛告大慧諦聽諦聽，善思念之，當爲汝說。大慧白佛言，善哉世尊，唯然受教。
>
> 3.2 佛告大慧：云何爲語？謂言字妄想和合，依咽喉脣舌齒齗頰輔，因彼我言說，妄想習氣計著生，是名爲語。大慧：云何爲義？謂離一切妄想相、言說相，是名爲義。
>
> 3.3 大慧：菩薩摩訶薩，於如是義，獨一靜處，聞思修慧，緣自覺了，向涅槃城。習氣身轉變已，自覺境界，觀地地中間，勝進

〔註 10〕《大正藏》，冊五十，頁 552，中欄。

〔註 11〕語見《楞伽大義今釋》，南懷瑾述著，老古文化事業公司，臺北，1991。自述，頁 1。全段原文如下：

《楞伽經》，它在全部佛法與佛學中，無論思想、理論或修證方法，顯見都是一部很主要的寶典。中國研究法相唯識的學者，把它列爲五經十一論的重心，凡有志唯識學者，必須要熟悉深知。但注重性宗的學者，也勢所必讀，尤其標榜傳佛心印、不立文字的禪宗，自達摩大師東來傳法的初期，同時即交付《楞伽經》印心，所以無論研究佛學教理，或直求修證的人，對於《楞伽經》若不作深入的探討，是很遺憾的事。

義相，是名菩薩摩訶薩善義。

3.4 復次大慧：善語義菩薩摩訶薩，觀語與義，非異非不異，觀義與語，亦復如是。若語異義者，則不因語辯義，而以語入義，如燈照色。

3.5 復次大慧：不生不滅，自性涅槃，三乘一乘，心自性等，如緣言說義計著，墮建立及毀謗見，異建立，異妄想，如幻種種妄想現，譬如種種幻，凡愚眾生作異妄想，非聖賢也。〔註12〕

其意爲：

3.1：〔原始問題〕

這時，大慧大士又問：「世尊！如您所說的，大乘菩薩應當善於語義。這句話是什麼意思？什麼是語？什麼是義？」

3.2：〔語、義的定義〕

佛說：「什麼是語呢？」「就是言語、字音、妄想，三者的相互作用。靠著人的咽、喉、唇、舌、齒、齗、頰的幫助，又因爲人與人之間的言語行爲，於是妄想的習慣就因爲執著而生起，這就是所謂的『語』。」佛又說：「什麼是義呢？」「外離於一切妄想現象、言說現象的，就是所謂的『義』。」

3.3：〔何謂善義？〕

佛說：「大慧！大乘菩薩們，對於我所謂的『義』，他們獨居靜處，藉著思索所聽來的種種佛法來修養自己的智慧，因而得到了悟，而趨向涅槃之域。藉著逐漸轉變自己累積已久的習氣，在自覺的境界裡，靜觀菩薩初地以及上昇入諸地的中間勝義之相。這就是所謂的大乘菩薩善義。」

3.4：〔語、義的關係〕

「其次，大慧！善於語義的大乘菩薩，在他們看來，言語和『義』的關係或『義』和言語的關係，都不是可以用『異』（不同）或『不異』（相同）來加以說明的。倘若言語不同於『義』的話，那我們就不能由所聽到的言語來辨別它所負載的『義』了。而事實上，人們從言語上來了解言語所負載的『義』，就猶如在黑暗中，人們利用燈來照出事物的顏色一般。」

3.5：〔了解義的錯誤途徑及其弊病〕

〔註12〕以上五段在原文中爲同一大段。

「再其次，不生不滅、自性涅槃、三乘一乘、心自性等等的名詞，假如人們只顧攀緣著言語來解釋『義』，並執著於此的話，那就會墮陷於『建立』和『毀謗』的見解之中。對於這些名詞的了解，是不同於『建立』，不同於『妄想』的。所謂墮陷於『建立』和『毀謗』的見解之中，就好像幻想著種種的妄想能夠實現，猶如種種幻象一般，凡愚眾生所作的這些會衰老變壞的妄想，都不是聖賢的境界。」

《楞伽經》卷四云：

4.1 大慧：彼諸癡人，作如是言，義如言說，義說無異，所以者何，謂義無身故，言說之外，更無餘義，惟止言說。

4.2 大慧：彼惡燒智，不知言說自性，不知言說生滅，義不生滅。

4.3 大慧：一切言說確於文字，義則不墮，離性非性故，無受生亦無身。

4.4 大慧：如來不說墮文字法，文字有無，不可得故。除不墮文字，大慧，若有說言如來說墮文字法者，此則妄說，法離文字故。是故大慧：我等諸佛，及諸菩薩，不說一字，不答一字，所以者何，法離文字故。非不饒益義說，言說者，眾生妄想故。

4.5 大慧：若不說一切法者，教法則壞，教法壞者，則無諸佛菩薩緣覺聲聞，若無者，誰說爲誰。是故大慧：菩薩摩訶薩莫著言說，隨宜方便，廣說經法，以眾生希望煩惱不一，故我及諸佛爲彼種種異解眾生而說諸法，令離心意意識故，不爲得自覺聖智處。〔註 13〕

其意爲：

4.1：〔對語（言說）、義關係的誤解〕

佛說：「大慧！那些愚癡的人說：『「義」如同言說，「義」和言說沒什麼兩樣。爲什麼呢？那是因爲「義」沒有可以指涉的對象的緣故。所以，言說之外，沒有任何「義」存在，而且「義」的存在，也只能依止於言說。』」

4.2：〔語、義自性的不同〕

〔註 13〕以上五段在原文中爲同一大段。

佛說：「大慧！這些都是被惡智所燒灼的見解。他們不知道言說的自性，不知道言說有生有滅，可是，『義』卻是不生不滅的。」

4.3：〔語、義自性的不同，語、文字的關係〕

佛說：「大慧！一切的言說都可以墮陷成文字，但是，『義』卻不會墮陷。爲什麼呢？那是因爲，可以離開本性的就不會是本性，『義』，因爲沒有被其他任何事物所生，所以也就沒有一個可以被用來指涉的受體。」

4.4：〔語、文字、義、法四者的關係〕

佛說：「大慧！如來不說那些可以墮陷成文字的事物，因爲，足以表達該事物的文字之獲得與否，並非是必然的。除了如來所說法不墮陷於文字之外，大慧！假如有人說：『如來，就是那個說墮文字法的人』，這也是一種妄說，因爲事物是脫離於文字之外的。因此，大慧！我等諸佛菩薩，不說一字，不答一字，是爲了什麼呢？是因爲事理本來就脫離於文字之外的緣故。我們並非不願意對『義』作更多的解說，只是因爲，所謂的『言說』，只是眾生的妄想而已。」

4.5：〔佛說法的用心〕

「大慧！但是假如不說一切法的話，那教法就要被破壞了。教法一壞，也就沒有了諸佛、菩薩、緣覺、聲聞等的區別了，假如連這些區別都沒有的話，那究竟是誰在說法，又是爲了誰在說呢？因此，大慧！大乘菩薩不執著於言說，只是隨順當時各種情境的方便，而廣說一切經法，只因爲眾生的希望和煩惱都不一樣，所以我和諸佛，爲種種見解不同的眾生說種種法，爲的是使這些異解眾生脫離自己的心意和意識，而不是爲了那些已經得到由自覺而得到聖智的人。」

各段大義重新整理如下：

3.1：〔原始問題〕

3.2：〔語、義的定義〕

3.3：〔何謂善義？〕

3.4：〔語、義的關係〕

3.5：〔了解義的錯誤途徑及其弊病〕

4.1：〔對語（言說）、義關係的誤解〕

4.2：〔語、義自性的不同〕

4.3：〔語、義自性的不同，語、文字的關係〕

4.4：〔語、文字、義、法四者的關係〕

4.5：〔佛說法的用心〕

四

以下，我將把前一小節《楞伽經》對於言說現象的正面回答作一個綜合的陳述。茲分述如以下九點：

（一）以下是「語」產生的三個成因：

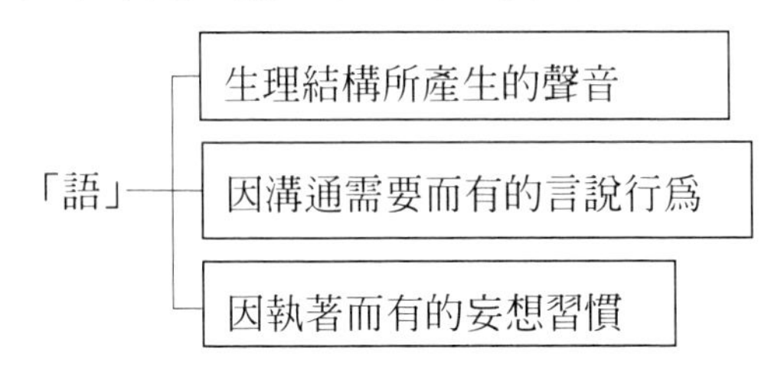

（二）「義」的定義是：

「義」 ——— 外離於一切妄想現象、言說現象。

（三）「語」、「義」自性的差別

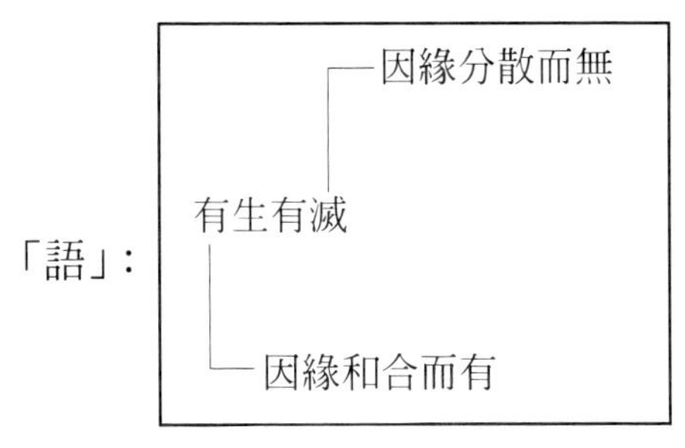

「義」：不生不滅

（四）了解「義」的錯誤途徑及其弊病

錯誤途徑：「執著」於「攀緣『語』來解釋『義』」。

弊病：生種種幻。

（五）何謂善義？

大慧：菩薩摩訶薩，於如是義，獨一靜處，聞思修慧，緣自覺了，向涅槃城。習氣身轉變已，自覺境界，觀地地中間，勝進義相。

（六）佛爲什麼要說法？

答：爲保住教法，令種種異解眾生離心意、意識。

（七）文字、「語」、「義」、法四者的關聯

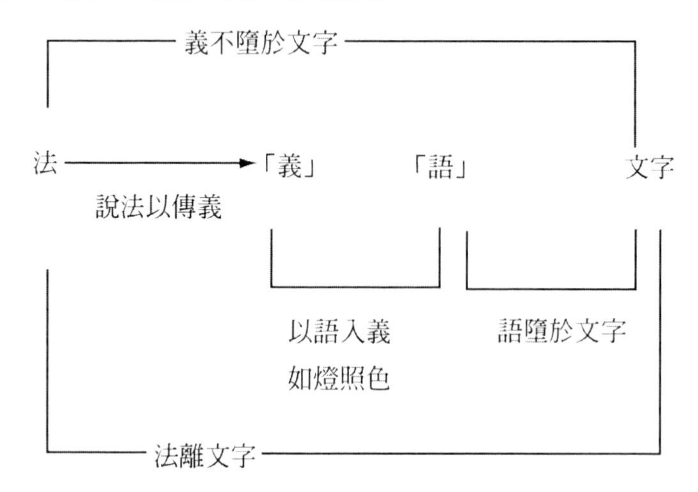

（八）綜合前說

以下以「以語入義，如燈照色」來作一個例子。其情境如下：

> 黑暗中，顏色因燈光的出現而有；
> 燈熄，顏色亦消失於黑暗中。猶如：
> 甲乙兩人正交談中，
>
> 甲：「我好痛苦！」
> 乙：……
>
> 在甲說這句話之前，和乙聽到甲如此說的當下，在甲、乙兩人的心中所發生的M，就是「義」。

依照前說，這個 M 是不生不滅的；是外離於一切妄想現象、言說現象的；是不墮於文字的；是不被任何事物所生的，所以也就沒有一個可以被用來指涉的受體（無受生亦無身）；而且 M 是可以由言說來加以分辨的；M 和言說的關係不可以用異或不異來說明；也不可以執著於攀緣著「語」來解釋 M。

大乘的菩薩應當善於分辨「語」和 M 的分別，不執著於「攀緣著『語』來解釋 M」。對於 M，他們獨居靜處，藉著思索所聽來的種種佛法來修養自己的智慧，因而得到了悟，而趨向涅槃之域。藉著逐漸轉變自己累積已

久的習氣，在自覺的境界裡，靜觀菩薩初地以及上昇入諸地的中間勝義之相。這就是所謂的大乘菩薩善義。

（九）質疑前說

以上這一節的標題是：禪宗對言說現象的意見。而我也以四個小節的連環相扣，以極爲緩慢的方式敍述了我的標題的主要內容，然而，我必須承認：就我的目的而言，我毫無所得。因爲，我相信，對我的讀者而言，他們仍然滿腹狐疑，他們只讀到了一堆所謂的禪宗對言說現象的意見，但是對於這些意見的內在意義仍然毫不知情，因爲還存在著一些比意見的敍述更基本的名詞尚未解釋，所以他們就如同一個閱讀了游泳指南而仍未下過水的人一般。所以我必須在這裡再留下一個問題題組，爲他們說出心中的疑問。

〔問題三〕

什麼是語？言說？

什麼是執著？攀緣？妄想？

什麼是義？它是意義（meaning）嗎？

什麼是善義？

什麼是法？

什麼是生？滅？

爲什麼言說「墮」於文字？

第二節　索緒爾對語言的看法

這一節的重點在於，透過一個語言學家來提供我們一個對語言的清晰視野。

瑞士語言學家費爾迪南・德・索緒爾（Ferdinand de Saussure, 1857～1913）是本世紀最著名、影響最深遠的語言學家。他的重要性在於，他提供了人類言說現象一個前所未有的清晰圖象，而這個圖象使得在他以後的歐洲語言學者，無論在討論任何理論問題時都很難不去考慮他的意見。〔註 14〕以下我將介紹索緒爾在《通用語言學教程》中對語言的看法，和語言與文字之間的相互關係。

索緒爾最大的洞識在於，他清楚地將言說行爲（language, speech）區分爲

〔註 14〕《教程》，Translator's introduction, p.xi。

不同的兩個部份：語言（langue, language）和言說（parole, speech, speaking）。如下圖：

言說行爲 ┬ 語言（Language）
　　　　 └ 言說（Speech, Speaking）

以下我將分爲四個部份，分別引出索緒爾在這四個部份的直接論述。

1.言說行爲

2.言說與語言的定義

3.言說與語言的關係

4.語言的四個特徵

〔言說行為〕

因此，言說活動的研究就包含著兩部份：一部份是主要的，它以實質上是社會的，不依賴於個人的，語言，爲研究對象，這種研究純粹是心理的；另一部份是次要的，它以言說活動的個人部份，即言說（speaking），爲研究對象，其中包括發音，它是心理——物理（psychophysical）的。〔註 15〕

〔言說與語言的定義〕

注意，我是對事物下定義，而不是對詞（words）下定義，因此，我所確立的區分不必因爲各種語言有某些意義不盡相符的含糊的術語而覺得有什麼可怕的。〔註 16〕

但語言是什麼呢？在我看來，語言和言說活動不能混爲一談；它只是言說活動的一個確定的部份，而且當然是一個主要的部份。它既是言說機能的社會產物，又是社會集團爲了使個人有可能行使這機能所採用的一整套必不可分的規約。整個來看，言說活動是多方面的、性質複雜的，同時跨著物理、生理和心理幾個領域，它還屬於個人的和社會的領域。我們無法把它歸入任何一個人文事實的範疇，因爲我們無法發現它的統一體。相反的，語言本身就是一個整

〔註 15〕《教程》，p.18。

〔註 16〕《教程》，p.14。

體、一個分類的原則。我們一旦在言說活動的事實中給以首要的地位，就在一個不容許作其他任何分類的整體中引入一種自然的秩序。〔註 17〕

語言不是說話者的一種功能，它是個人被動地記錄下來的產物；它從來不需要什麼深思熟慮；對它的反省也只是爲了分類的活動才插進來的，……

相反的，言說卻是個人的行爲，是意志的和智能的。在這種行爲當中，我們應該區分（1）說話者賴以運用語言規則表達他的個人思想的組合；（2）使他有可能把這些組合表露出來的心理——物理機構。〔註 18〕

我們剛才已經看到，語言是一種社會制度；但是有幾個特點使它和政治、法律等其他制度不同。要揭示它特殊的本質，我們必須援引另一類新的事實。

語言是一種表達觀念的符號系統，因此，它可以比之於文字、聾啞人的字母、象徵儀式、禮節形式、軍用信號等等系統。但是，它是這些系統當中最重要的。〔註 19〕

〔言說與語言的關係〕

……人們說話的機能，不管是天賦的或非天賦的，只有借助於集體所創造和所提供的工具才能運用；所以，說語言使言說活動成爲統一體，並不是空想。〔註 20〕

毫無疑問，這兩個現象（註：語言和言說）是緊密相連且互爲前提的：要言說爲人所理解，並產生它的一切效果，必須有語言；但是，要使語言能夠建立，也必須有言說。從歷史上來看，言說的事實總是第一個發生的。如果人們不是在言說行爲中碰到觀念和詞語形象（word-image）的聯結，他怎麼會進行這種聯結呢？並且，我們總是聽見別人說話之後才學會自己的母語的；它要經過無數次的經驗

〔註 17〕《教程》，p.9。
〔註 18〕《教程》，p.14。
〔註 19〕《教程》，pp.15-16。
〔註 20〕《教程》，p.11。

之後才能儲存在我們的腦子裡。最後，促使語言演變的是言說：聽別人說話所獲得的印象修正我們的語言習慣。由此可見，語言和言說是相互依存的；語言既是言說的工具，又是言說的產物。但它們的相互依存並不妨礙它們是兩種絕對不同的東西。語言以一種印象總額的形式存在著，而且被儲存於社群裡每個份子的大腦之中，有點像把同樣的詞典分發給每個人使用一般。所以，語言雖然存在於每一個個體之中，卻對全體而言是共通的。而且語言的存在也不被儲存者的意志所影響。語言的這種存在形式可以用如下的公式來表示：

1+1+1+1…=I（集體模型）

而言說在相同的社群當中扮演什麼角色呢？它是人們所說的的總合（the sum of what people say），包括：（a）依從於說話者意志的個人的組合，和（b）實現這些組合所必須的同樣是與意志有關的發音行爲。言說因此不是一個集體的工具；它的展現是個人的和暫時的。在言說當中只有許多特殊行爲的總合，一如以下的公式：

（1+1'+1"+1'"…）

根據以上的所有理由，要用同一個觀點把語言和言說聯合起來，簡直是幻想。言說活動的整體是無法認識的，因爲它並不是同質的；然而以上所提過的區別和從屬關係足以澄清所有的問題。〔註21〕

〔語言的四個特徵〕

（1）它是言說活動事實的混雜整體中的一個十分確定的對象。它可以被定位在音響形象開始被與觀念聯結在一起的言說——巡迴（speaking-circuit）的限定環節（limited segment）之中。它是言說活動的社會部份，位於無法創造亦無法自行修正它的個人之外。它只憑社會的成員間通過的一種契約而存在。再者，個人必須經過一個見習期之後才能運用它；兒童只能一點一滴的掌握它。它是一種很明確的東西，一個人在即使是喪失了使用言說的能力之後，只要還能理解所聽到的聲音符號，都還算是保有著語言。

〔註21〕《教程》，pp.18-19。

（2）語言和言說不同，它是人們能夠分出來加以研究的對象。雖然死去的語言已不再被說，但我們仍能輕易地掌握它們語言學上的機構。語言科學不僅可以沒有言說活動的其他要素，而且正要沒有這些要素的攙雜才能建立。

（3）言說活動是異質的，而語言，如我所定義的，卻是同質的：它是一種符號系統：在這種符號系統裡，唯有意義（meanings）和音響形象（sound-images）的結合才是絕對必要的；並且於其中，符號的兩個部份都是心理的。

（4）語言是具體的，在這點上並不較言說遜色，這對我們的研究而言是有幫助的。語言的符號雖然主要是心理的，卻不是抽象物。那位於腦中，具有集體同意標示、將組合的語言加在一起的結合體，是一種事實。此外，語言的符號是有形的；要把它們下墮（reduce）為經約定俗成的手寫符號是可能的，然而若要把言說行為（acts of speaking）的一切細節都攝為照片卻是不可能的。一個詞的發音，哪怕是一個很短的詞的發音，都是無數肌肉運動的結果，是極難以辨認和描繪成圖形的。相反的，在語言當中只有音響的形象，而此形象又可以被翻譯成固定的視覺形象。因為，倘若我們撇開了言說中為了音響形象的實現而有的大量動作，我們會了解，每個音響形象也不過是若干為數有限的要素或音位的總和，而這些要素或音位又可以被相當數量的手寫符號所喚起。而得以將關連於語言的事物轉換成圖象形式的可能性，促成詞典和文法能夠正確地表徵語言，因為語言是個音響形象的倉庫，而文字就是這些形象的有形的形式。〔註22〕

我之所以要如此大量地引用索緒爾的原文的原因是：這些引文為我們提供了一個無比清晰、且又條縷分明的對言說現象的說明。而我的讀者將會發現，這些說明的傑出內容，實際上滲透在本篇論文的所有理論脈絡之中。因此，我必須將它們忠實而完整地記錄下來，以備諸位的考察。接著，我必須再引出三段索緒爾關於語言與文字之關係的原文。

5.語言的傳統

6.語言與文字的關係

〔註22〕《教程》，pp.14-15。

7.文字僭越口語形式的四點原因

〔語言的傳統〕

所以語言的確有一種獨立於文字的，明確而且穩定的，口耳相傳的傳統，只是由於書寫形式的影響使我們無法覺察罷了。〔註 23〕

〔語言與文字的關係〕

語言和文字是兩種不同的符號系統，後者唯一存在的理由是表徵前者。語言學的對象不是字詞（words）的書寫形式和口語形式，而是由後者單獨構成的。但是，口語是如此緊密地和它的書寫形象結合在一起，以至於後者篡奪了主要的地位。人們終於把口語符號的書寫形象看得比口語符號本身更加重要。這就猶如以下這個相似的錯誤，有人以爲要認識一個人，與其直接地看到他，不如去看他的照片。〔註 24〕

〔文字僭越口語形式的四點原因〕

然而文字的影響該如何解釋呢？

（1）首先，字詞的圖象形式使我們誤認爲它比聲音更永恆、穩定，更適合去解釋長期以來語言統一的原因。儘管文字的表面上的結合（bond）造成了一個純粹虛構的統一體，但它仍然比唯一眞實的結合，即聲音的結合，更令人易於掌握。

（2）大多數人對視覺印象投以更大的注意力，只是因爲它們比聽覺印象更明確、更持久；這就是所以人們重視視覺印象的原因。圖象形式於是順利地造成它們對人們的影響，而犧牲了聲音。

（3）文學語言更增強了文字不應該有的重要性。它有自己的詞典和自己的文法；在學校裡，孩子是按照書本和經由書本被教導的；語言顯然受到法規的支配；而這個法規本身就包含著一個對於用法的成文的嚴格規則，就是正字法（orthography）；而這就是文字獲得其主要重要性的原因。結果是，人們終於忘記一個人學習說話是先於他學習書寫的，自然的次序於是被顚倒了過來。

（4）最後，當語言和正字法發生爭論的時候，除了語言學家之外，

〔註 23〕《教程》，p.24。

〔註 24〕《教程》，pp.23-24。

任何人都很難解決爭端；而又由於語言學家對此爭端沒有被給予發言權，於是不可避免地，書寫形式總是取得上風，因爲由它所支持的任何解決都是較爲簡單的；於是，文字就僭奪了它無權獲得的重要地位。〔註25〕

對於以上所有引言的內容我打算全盤接受；並且我也認爲以上所有引言在表達索緒爾對言說、語言和文字的意念上是清晰的，不需要再行解釋，甚或作進一步的摘錄。所以我將用以下一個提醒和二個問題來作爲這一小節的結尾：

〔提醒〕

言說（speech），指的是人們當下說話的完整過程。包括出之於口的所有內容：每一個字詞、語句的音調高低、音階位置、語氣強弱、速度快慢，甚至所有停頓的長短；所有當下發生的身體動作：包括表情、手勢、身體等姿勢；還有說話時的種種外在情境，社會的、私人的，一般的、特殊的等等。

〔問題四〕

這事實上是一個奠基於索緒爾，卻超越索緒爾的問題。

嘗試著想像以下的過程：

當一場涉及兩個重要的歷史人物的言說活動被用以下三種方式記錄下來的時候，

A.以攝影機攝影（包含聲音和影像）

B.將攝影機所錄下的聲音經錄音機再錄下聲音

C.將錄音機中所錄下的聲音以文字記載下來

1. 在這三種記錄方式之下所得到的對這場言說活動的三個證據，錄影帶、錄音帶和一紙記錄，究竟對於後人對這場重要的言說活動的研究造成如何的差別？
2. 從 A 到 B，再從 B 到 C，究竟遺漏了什麼？
3. 倘若我們只擁有文字記錄，那透過索緒爾所說的存在於我們腦中的對語言（language）符號系統的掌握，我們可能完全恢復聽錄音帶或看、聽錄影帶時的理解嗎？可能的誤解陷阱在那裡？在一場言說中的語言之外的聲調、音階、語氣、速度、停頓、表情和動作，代表的是什麼？言

〔註25〕《教程》，p.25。

說活動透過它們對語言的幫助是什麼？缺少了它們，對人們所謂的對文字的理解（即，僅憑藉著對語言符號系統的掌握）又能產生多少的影響？

4. 一個簡單的問題：

倘若我們只有文字，我們會遺失掉多少意義？

〔問題五〕

又，已經遺失掉了的意義，是否就再也無法恢復了？

最後，我要以下面這個問題，將我的讀者帶到下一節對維根斯坦的哲學探索之中。

〔問題六〕

邏輯，存在那裡？在言說中，還是在語言中？

第三節　維根斯坦對語言的看法

維根斯坦（Ludwig Wittgenstein, 1889～1951）的哲學活動可明顯地分爲兩個時期，前期以《邏輯哲學論說》爲代表，後期以《哲學探討》爲代表。然而貫穿維根斯坦整個哲學架構的核心意見只有一個：一切的哲學都是對語言的批判。（TL4.0031）〔註 26〕維根斯坦的意見是，透過對語言的批判，我們就可以解決一切的哲學問題。這個意見很明顯的是一個哲學方法論的主張。

我想，關於維根斯坦是否眞的達到了他的目的，這是無法知悉的。但是他的確實踐了他所提供的方法，這個方法也的確同時貫串著他一生的兩個時期。所以他在《探討》的前言當中很明顯地說，唯有藉著與他舊的思考方式（即《論說》）之背景的對照和對立之下，才能在正確的光照之下理解《探討》。但是，關於《論說》與《探討》之間的關係在哲學界仍是個爭論不休的問題，〔註 27〕這實在是個頗爲吊詭而又令人感到遺憾的現象，這也就印證了維根斯坦對於他的學說是否可能爲他人所了解的悲觀態度（註：《探討》前言）是完全合理的，我的確很可以體會他黯澹的心情。以下，根據我對維根斯坦前後期哲學的了解，我將透過這一節的四個部份來說明，維根斯坦的確藉著《論說》與《探討》中對語言批判的一貫宗旨，而揭露了一個，對西方哲學而言，

〔註 26〕小括號中的數目爲《論說》中短論的標號。以下皆標爲（TL xxx）。

〔註 27〕K. T. Fann：*Wittgenstein's Conception of philosophy,* Basil Blackwell, 1969。胡基峻譯，《維根斯坦底哲學》，黎明，臺北，1975，pp.2-3。

足以逼近哲學眞理的全新方向。

（註：由於維根斯坦的兩本著作皆以條列短論的體例寫作，所以在我們企圖對隱藏於其中的思路作整體性的瞭解與說明時，倘若只列舉片段語句來間雜在說明的文字當中，很容易造成對維根斯坦之原意作任意割裂的印象。因此，爲避免上述情況的發生，我們在這一章中的所有引文，都儘可能地引出完整的全段文字，有時爲了說明上的方便，也僅止於在說明的次序安排上，略加更動其原先在書中的順序。）

一

在《論說》中，維根斯坦以七個主要命題作爲本書的基本架構。條列如下：

1. The world is all that is the case.
   世界，就是所有的「如實」。
2. What is the case-afact-is the existence of states of affairs.
   「如實」，即事實，就是事態的存在。
3. A logical picture of facts is a thought.
   事實的邏輯形象就是思想。
4. A thought is a proposition with a sense. 〔註28〕
   思想就是有意義的命題。
5. A proposition is a truth-function of elementary proposition.
   命題就是基本命題的眞值函數。
6. The general form of a truth-functionis $〔\overline{P}, \overline{\xi}, \overline{N}(\overline{\xi})〕$
   眞值函數的一般形式就是$〔\overline{P}, \overline{\xi}, \overline{N}(\overline{\xi})〕$。
7. What we cannot speak about we must pass over in silence.
   對於我們所不能說的，我們必須在沉默中略過。

我們可以透過對這七個主要命題的觀察，來直接獲得維根斯坦對語言的意見。

首先，前六個句子都是直述肯定句：

1. 世界，就是所有的“如實”。

   X　　　　Y1

2. “如實”，即事實，就是事態的存在。

   Y1　　　　Y2a

〔註28〕此處 sense = meaning。

3. 事實的邏輯形象就是思想。

Y2b Y3

4. 思想就是有意義的命題。

Y3 Y4

5. 命題就是基本命題的眞值函數。

Y4 Y5

6. 眞值函數的一般形式就是〔$\overline{P}$, $\overline{\xi}$, $N(\overline{\xi})$〕。

Y5 Y6

而且在這些肯定句當中，前一句的述詞即爲下一句的主詞。表面上有差異的是 Y2a 和 Y2b，但只要我們補上以下的三個命題，

2.1 Facts are grasped by us in pictures

事實以圖像的樣子爲我們所玃獲

2.141 A picture is a fact.

圖像就是事實

2.2 A picture has logico-pictorial form in common with what it depicts.

圖像與它所描繪的，所共有的就是邏輯的圖畫性形式（邏輯形象）

然後，我們再將 2.1、2.141 與 2.2 依序銜接，就可以得到如下敘述：事實以圖像的樣子爲我們所攫獲；圖像就是事實；圖像與它所描繪的所共有的就是邏輯形象。於是，我們就可以清楚地了解到 Y2a 和 Y2b 之間的關係是：「事實的邏輯形象」是「事態的存在」的深一層結構。

因此，我們就得到如下線索：

世界就是所有的事實，事實以圖像的樣子爲我們所玃獲，圖像與它所描繪的（即事態）所共有的就是邏輯形象，事實的邏輯形象就是思想，思想就是有意義的命題，命題就是基本命題的眞值函數。

現在，一條維根斯坦的思路就呈顯出來了。可分爲三個部份，分述如下：

1.語言

2.世界和語言

3.不可說的

〔1.語言〕

維根斯坦在《論說》的序論中明白的表示：哲學問題的提出係出於誤解

我們語言的邏輯（例如：一切的哲學都是對語言的批判。（TL4.0031））；又，此書的目的，是想對思想的表述（即語言）劃一界線。（例如：（TL5.3）一切命題都是對基本命題作眞值運算的結果。）並據以顯示界線另一端的對象事物（object）〔註29〕都是悖謬的（nonsensical）。於是，維根斯坦得到他的結論：對於我們所不能說的，我們必須在沉默中略過。

所以，在《論說》當中，維斯根坦把語言規範在一個邏輯句法之中；句法規則之內的，才有意義，句法規則之外的，是悖謬的。

〔2.世界和語言〕

> 事態（物之狀態）就是對象事物（物）的結合。（TL2.01）
> 圖像的要素以一定的方式結合起來，這個事實顯示：事物也是以同樣的方式結合而成。（TL2.15）
> 圖像就這樣與現實（reality）連繫起來，圖像直達於現實。（TL2.1511）
> 一個名字代表一件事物，另一個代表另一件事物，名字和名字相互被結合起來，其整體就像一幅生動的圖畫一般地描繪出事態來。（TL4.0311）
> 一切眞的命題的總和就是整個自然科學（或者一切自然科學）的總和。（TL4.11）

世界和語言的關係可以圖示如下：

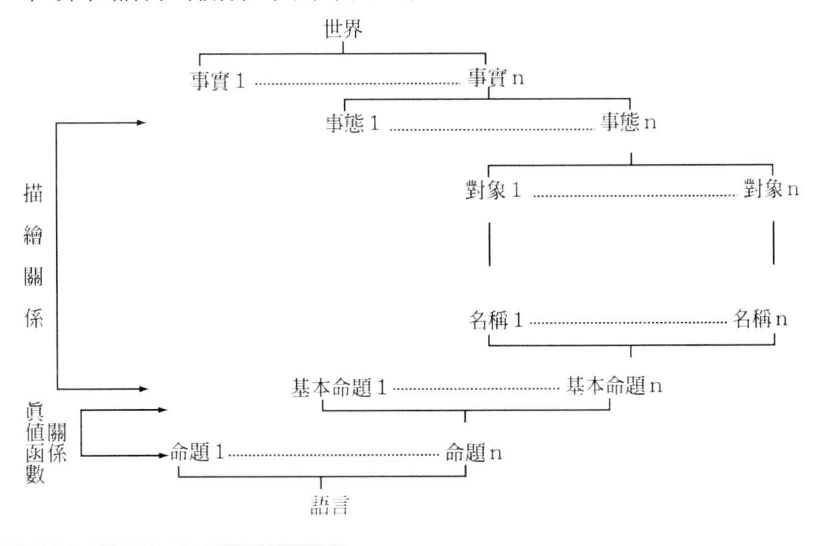

〔註29〕object一字之翻譯甚難，以下凡是維根斯坦所提到的，通譯爲「對象事物」；若在一般使用之下，則翻爲「事物」。

語言猶如世界的鏡像。〔註 30〕

〔3.不可說的〕

現在，我們進行到《論說》的核心，也就是維根斯坦的結論。我們的確可以將標號 7 的命題視爲維根斯坦寫作《論說》的日的。「對於我們所不能說的，我們必須在沉默中略過。」它不該僅僅只被視爲一條推論曲線的另一個端點，它應該被給予所有的關注，因爲所有的線索正是循著這一條潛隱於維根斯坦心中的神秘邊界而逐句被作出修正，一直到它們被以文字顯像，而得以說明維根斯坦所認定的意見爲止。

> 見之於哲學著述中的大多數命題和問題，並不是假的，而是悖謬的。結果，我們不能給這類問題以任何答案，而只能認定它們是悖謬的。大多數的哲學命題和問題，起自於我們未能了解我們語言底邏輯。（它們是屬於善和美究竟有多大程度相同的同一類問題）（TL4.003）
>
> 事物只能被加以名稱。記號是它們的代表。我只能題及它們，但我不能表述它們。命題只能說「事物是如何」（how things are）但不能說「事物是什麼」（what things are）。（TL3.221）
>
> 世界的意義必在世界之外。世界中的一切都就如其本然一般，所發生的一切亦如其所發生的：於其中沒有價值存在，……而且假如某「價值」曾經存在的話，它也將會成爲無價值的。……（TL6.41）
>
> 因此不可能有道德（ethics）的命題。
> 命題不可能表現更高的東西。（TL6.42）
>
> 顯然道德無法言詮。道德是超越的（transcendental）（道德和審美是同一會事）。（TL6.421）

維根斯坦先將「可以說的」界定爲一種只能透過邏輯函數的形式而表述的內容，然後再將其他曾經在人類語言中出現過的內容排除。不過，這種排除並非是貶義的棄之不顧，而是爲了要企圖解決哲學上的諸混淆而發展出來的一套記號的預警系統，維根斯坦希望透過這套系統，預先對人類可能的疑問作出某種過濾，以便人類更清楚地見到這個世界。

〔註 30〕此圖引自《論說》，註 27，p.25.pp.19-20。

二

這一小節是對《論說》的語言意見的質疑：

維根斯坦在《論說》中的語言意見顯然是有問題的。我將以 6.124 這一條條文來作為批評的總根據。

> 邏輯的命題描繪出「世界的鷹架」，更有甚者，它們即代表這些鷹架。它們沒有主詞——質料（subject-matter）。它們預設名字有意義，基本命題就是有意思的（names have meaning and elementary propositions sense）；而這就是它們和這個世界的連繫。有關於這個世界，很顯然地必須被以下的事實所指出來：這些記號的結合——必須有一決定性的性格——即套套邏輯。而以上的說明包含著一個無可置疑的論點。我們說：在我們所使用的記號中，某些是任意的，某些則不是。在邏輯當中，只表達了後者：但這就表明，邏輯並非我們可藉記號的幫助來表達我們所想要說的一個領域，而是一個於其中自然的且當然的記號的本質得以表現它自己的領域。如果我們一旦知道了任何記號——語言的邏輯句法，那我們就已經被給予了所有的邏輯命題。（TL6.124）

在這段文字當中，我將從兩個方面來著手：

1. 語言與意義
2. 語言與邏輯

〔語言與意義〕

首先，由這一段的前半部份，我們可以直接地了解維根斯坦的整個在《論說》中的架構，正如我們在前一小節中所歸納出的論點。既然我們已經知道了維根斯坦的理論佈局，那現在，我們要追問的就是：

這個佈局的由來是什麼？

以下的六段引文將展示出它的答案。

> 1. 只有事實才能表達意義；一組名字則不能。（TL3.142）
> 2. 雖然命題記號是一個事實，但這被一般的表示形式，即文字或印刷，所掩蔽了。（TL3.143）
> 3. 當我們把命題記號的本質設想為一個由空間事物（諸如桌子、椅子、書本）所構成的，以替代由文字記號所構成時，那就非常清

楚了。

於是，這些東西在空間中的安排，就表現出了命題的意義。（TL3.1431）

4. 被用在命題中的簡單記號可被稱爲名字。（TL3.202）
5. 一個名字意謂一個對象事物。對象事物是名字的意義。（“A”和“A”爲同一記號）（註：指名字與對象事物的記號一樣）（TL3.203）
6. 在，名字指稱單純物，這個概念背後隱藏著什麼？蘇格拉底在索亞蒂特斯篇（Theaetetus）中說：

「……，基本原素（primary elements）是沒有定義的，也就是說，我們及一切的對象事物都是由它們所構成的；因爲一切本來就存在的對象事物，只能被名稱（named），……所以這些元素的名字就集合在一起，變成描述性語言。因爲，語言的本質，就是名字的組合。」

羅素所說的個元（individuals）與我所說的對象事物（objects）（於《論說》中），都是這一類基本原素。（PI46）

由以上前五條引文，我們可以明顯地觀察出一條維根斯坦關於意義之認定的判準：

事實－→命題－→名字－→對象事物－→意義

再由引文六，我們直接找到這個佈局的一個遠溯自西臘哲學的古老根源。而維根斯坦在這幅泛黃的圖像上，加添了一筆始終未曾置於明顯地位的最大敗筆：那就是，他把「意義」就如此輕率地託付給「對象事物」。

爲什麼「對象事物是名字的意義」呢？

問題就出在：

從「事實……意義」到「對象事物……意義」，這事實上是一個過份化約了的結論。

我的理由是：

讓我們實際地嚴格執行維根斯坦的這個主張，然後，再看看會發生什麼事。

「對象事物是名字的意義」是一個命題；而且是一個有意義的命題，因爲按照維根斯坦的說法，「只有事實才能表達意義」；現在，這個命題由「對象事物」、「是」、「名字」、「的」、「意義」等名字組成；而這些名字的意義就應該在於它的對象事物；好，那讓我們來了解一下上面這些名字的對象事物是什麼：

「對象事物」的對象事物是什麼？
「是」的對象事物是什麼？
「名字」的對象事物是什麼？
「的」的對象事物是什麼？
「意義」的對象事物是什麼？

進行到這裡，我實在無法不去聯想到擺在我眼前的正是一些不折不扣的形上學中的神秘難題，我發現在這些問題之前我根本手足無措，一個我也回答不了，所以，我就註定了無法了解「對象事物是名字的意義」這句話了。不過幸好還有一個人也和我碰到了同樣的難題，他的名字是：維根斯坦。他在《筆記》裡說：「我們的困難是：我們一直在說單純的對象事物，卻連一個單純的對象事物都舉不出來。」〔註31〕

我想，對於維根斯坦的誠實，我們應該是可以加以肯定的。即使我的確有可能：按著一個錯誤的猜測，進行一項錯誤的推論，因而得不到原來應有的答案。但總不會有人比維根斯坦更清楚這句話的意思吧？關於以上這一點，我們將可以在《探討》中清楚地看到，維根斯坦透過對日常語言所負載之意義的深入探討，來進一步追問語言究竟是如何地表達意義。而這就是對他早期的預設所作的一個徹底的反省。

〔語言與邏輯〕

現在，在 6.124 的下半部份，我們可以很簡單觀察到的就是：語言的使用必須被限定在它的邏輯句法之下。

問題：爲什麼要有這種限定呢？

回答：因爲：

〔註31〕Ludwig Wittgenstein：*Notebook 1914-16*, Edited by G. E. M. Anscombe and G. H. von Wright with an English translation by G. E. M. Anscombe, Basil Blackwell, 1961, p.86。（此書目與頁碼，引自 Ibid.,註 27）

在日常語言裡，常有同一字而有不同的標示模式（modes of signification）——因此它們就屬於不同的符號（symbols）；或兩個具有不同標示模式的字卻在命題當中被以表面上相同的方式來使用。……（在"Green isn green"這個命題中，第一個 Green 是人名格林，第二個 green 是形容詞綠的。這兩個字不僅具有不同的意義，並且是不同的符號。）（TL3.323）

因此，很容易發生最基本的混淆（整個哲學就充滿著這種混淆）（TL3.324）

問題：那該怎麼辦呢？

回答：

爲了避免這些錯誤，我們必須使用一種記號——語言（sign-language）來排除它們，即不以相同的記號來代表不同的符號和不將具有不同標示模式的記號在表面上相似的方式之中使用：那就是說，一種爲邏輯文法所管轄的記號——語言——就是邏輯句法（logical syntax）。（TL3.325）（註：注意以上三條引言在書中原本就是相續的）〔註 32〕

問題：那意義與邏輯句法的關係呢？

回答：

在邏輯句法中，記號的意義不應該起任何作用；……（TL3.33）

問題：那這種記號——語言的意義來自那裡呢？

回答：

被用在命題中的簡單記號可被稱爲名字。（TL3.202）

一個名字意謂一個對象事物。對象事物是名字的意義。（TL3.203）

……凡是有人想說某種形上學的東西時，……向他指明，他並不能給他的命題中的某些記號予意義……（TL6.53）

在前面的批評中，我們已經知道「對象事物——意義」只是一個過份化約了的圖像，而維根斯坦對語言與邏輯之關係又正是由那裡得到的靈感，因此，這種說法當然也就失去了它的根據。

〔註 32〕請注意（TL3.32）中 sign 與 symbols 的區別。
「記號是符號的可被感受的部份」（A sign is what can be perceived of a symbol.）（TL3.32）

三

《探討》的前言中，維根斯坦開宗明義地就說明了本書的內容：

> 本書所公開的思維，是我過去十六年來從事於哲學探討的結晶。本書討論以下課題：意義的觀念，了解的觀念，命題的觀念，邏輯的觀念，數學的基礎，意識的狀態，以及其他的問題。〔註 33〕

因此，基本上《探討》並不是一本系統的哲學著作，如維根斯坦自己所說的，他在本書中所探討的「好像是漫長蜿蜒的旅程中，所留下的許多素描風景。」〔註 34〕然後，維根斯坦抱怨著他曾不斷地想放棄在他的有生之年出版他的作品的念頭，因爲他不得不去面對他的成果在知識界中被廣泛地誤解的事實。在他接下來的敘述中，他提供了一個極具關鍵性的指引，他說：

> 四年以前，我有機會重新閱讀我的第一本書（《邏輯哲學論說》*Tractatus Logico-Philosophicus*），並且向他人解釋其觀念。我突然認爲應該將這些舊的思維和新的一同出版：因爲後者只有在與我舊的思想方式背景的對照與對立之下，才能被正確地看清。〔註 35〕

倘若我們給予維根斯坦在此處的指示以足夠的了解的話，那我們應當警覺到一件事實：那就是，得以帶領我們了解《探討》的眞正線索，就在《論說》當中；唯有確實地回顧那曾在《論說》中出現過的原始企圖，並排除那些「企圖」在《論說》中的不正確歧出之後，我們才可能在《探討》中重新見到維根斯坦的原始企圖的進一步發展，並藉以對全書的內容擁有一個較佳的理解視野。

因此，根據維根斯坦的這個明確的指示，也根據我對《論說》的了解，在以下的論述中，我將把所有的焦點放在延續著《論說》中維根斯坦對於〔語言與意義〕之探討的線索上，並依照維根斯坦在兩本書當中所呈現的，對意義之質疑與認定，分別爲三個逐漸轉變、釐清的階段。

要注意的是：這三個階段之演變不完全是時間上的，主要是在探討深度上的區別。而且這三個階段，在某種程度的意義上，事實上就表徵著維根斯坦逐漸掙脫一種長久以來，普遍瀰漫於西方傳統哲學之中的語言迷思的里程碑。

〔註 33〕《探討》，p.ix。
〔註 34〕《探討》，p.ix。
〔註 35〕《探討》，p.x。

┌階段一：意義在於對象事物
│階段二：意義在於使用
└階段三：意義在於言說

【階段一：意義在於對象事物】

關於對此一階段的反省，已如上一小節中我所陳述的：在尚未進入《探討》之前，我們已經知道了「意義——事物」是一幅過份化約了的圖象，換句話說，倘若我們忠實地跟隨著維根斯坦的步伐，我們在他尚未跨出第二步之前，從《論說》中所陳述的內容，我們就已經循著維根斯坦的思路嗅到了問題的所在。現在，在我們一開始踏入《探討》的領土時，維根斯坦果然馬上給我們以相同的回應。他直接地引述了一段奧古斯汀（Augustine, 354～430, A.D.）在《懺悔錄》第一章第八節中的文字：

> 當我的長輩們稱名某事物（named some object）時，他們同時轉向該事物，我注意到這些而明白，他們是用發出的那個聲音來意指（meant）該事物。他們的意圖藉著身體的動作向我顯示，就好像這些身體的動作也是所有族類的自然語言一樣：這種語言藉著眉目表情、四肢動作和語氣，表達出我們尋求、擁有、拒斥或逃避等等的心靈狀態（state of mind）。由此，我一再聽到字詞被用在許多不同語句中的適當位置，便逐漸學會去了解它們所標示（signified）的事物。直到後來我已經將我的口舌訓練到可以形成這些聲音記號之後，我便用它們來表達我的欲望。（PI1）〔註 36〕

接著維根斯坦又說：

> 這段話，似乎對我而言，給了我們人類語言的本質的一幅特殊圖象。那便是，語言中個別的字詞稱名（name）對象事物——而語句則是這些名字的結合。——在此一語言圖象中，我們發現了以下想法的根源：每個字詞都有一個意義，這個意義與該字詞是相互關聯的。此意義即該字詞所代表的對象事物。（PI1）
>
> 這種，意義的哲學觀念（philosophical concept of meaning），在語言之運作方式的素樸（primitive）想法中，佔有一席之地。也可以說，

〔註 36〕以下，《探討》PART Ⅰ 的條碼，簡寫為（PIx）。《探討》PART Ⅱ 的條碼，簡寫為（PⅡp.x）。

這是一種比我們的日常語言更爲素樸的對語言的一種想法。讓我們想像一種符合奧古斯汀所描述的語言：這種語言是爲了甲乙兩人的溝通而設的；甲是個建築師，乙是他的助手。甲正以各種石塊建築工事：石塊種類有板石、柱石、塊石和樑石。乙必須完全依照甲之所需，傳送石塊。爲此目的，他們使用一種由「板石」、「柱石」、「塊石」、「樑石」等字詞所構成的語言。甲喊出石塊石稱；——乙便傳送他所學會的聽到某種叫聲就傳送某種石塊。——把這個看成一套完整的素樸語言。（PI2）

我們可以說，奧古斯汀，的確描述了一個溝通的系統；只是，此系統並非我們所謂的語言之全部。（PI3）

我們假想一套字母系統（script），其中的字母是用來代表聲音，也用作代表重音和頓挫（這樣的字母系統，可以被想爲描述聲音樣態sound-patterns 的語言）。再假想某人把這個字母系統解釋成：字母與聲音間只有唯一的對應，而且字母沒有其他功能。這樣一種過於簡化的字母系統之觀念，正是奧古斯汀的語言概念。（PI4）

……我們也可以把語言（2）（註：指 PI2）裡，使用字詞的全部過程想成一種遊戲，藉著這種遊戲，孩童學習他們的母語（native language）。我將把這些遊戲稱爲「語言——遊戲」（language-games），有時也把素樸語言當作一種語言——遊戲來說。稱名石頭和重複別人的字詞的過程，也可以稱爲語言——遊戲。多想想，在遊戲中字詞的使用就好像孩童們玩唱的「城門城門雞蛋糕，三十六把刀，騎白馬，帶把刀，走進城門……」。我也將把語言和動作交織而成的整體，稱爲「語言——遊戲」。（PI7）

以上便是維根斯坦對「語言——遊戲」（language-games）的初步概念與定義。（註：language-games 的概念與定義在階段三繼續深化）接下來的引言，便是維根斯坦對此一語言模式的批評與對它在態度上的修正。

假如我們考察第一節（即 PI1）的例子，便可以稍微感覺到這種對於字詞意義的普遍觀念，形成了一團圍繞著語言運用的迷霧，致使我們不可能得到語言運用的清晰景觀。而對語言素樸類型之使用現象的研究可以驅散這團迷霧；在這樣的研究中，我們才能看清字詞的目標和功用（the aim and functioning of the words）。孩童學習說話的時候，就是使用此種素樸形式的語言。在此，語言之教導並非解釋，而是訓練。（PI5）

我們的錯誤是在應該看原型現象（proto-phenomenon）是怎麼回事的地方，卻去尋求一個解釋。那就是說，我們在那裡應該說：這語言遊戲被玩了（This language-game is played）。（註：指我們應該好好觀察已有的現象，而不應該循著我們過於簡約的觀察，而急急另造一套似是而非的規則）（PI654）

問題不在藉我們的經驗解釋語言遊戲，問題是留意一個語言遊戲。（PI655）

透過以上的這些引言，我們很清楚地可以看到維根斯坦在《論說》中之原始企圖的進一步發展，而且其效力的確一直貫穿到《探討》PART Ⅰ 的最部部份，而這個原始企圖的眞正面目，也在（PI2）中正式地被揭露：一種「意義的哲學觀念」。

這也證明了，我們依照著維根斯坦對於〔語言與意義〕之探索的線索來了解《探討》是正確無誤的。〔註 37〕所以，關於〔意義在於對象事物〕此一觀念，對維根斯坦的原始企圖而言，已被證明是一個歧出。因此，我們就可以順利地跨越因《論說》而有的歧出，跟隨著維根斯坦繼續他〔語言與意義〕之探索的旅程。

請注意：

若我們說：「維根斯坦在《探討》中的唯一目標即在提升一種意義理論。」那的確是太過狹隘，維根斯坦所探索的是最廣義的語言現象，這種最廣義的語言現象包含：一切可能的溝通、表達與象徵的符號系統；和人究竟是如何使用這些記號系統，有關〔心靈——符號——心靈〕此一過程中的所有內容。簡單而含混地說，就如他在《探討》前言中所說的一般。但是，倘若我們能夠眞正地了解維根斯坦所作的這一切探索的根據所在的話，那我們其實是很容易就可以看清以下的論點：

〔註 37〕在 bluebook p.1 的第一句話就是：What is the meaning of a word?
Ludwig Wittgenstein：*The blue and brown book*, Basil Blackwell, New York, 1958。

所有人類的哲學探索，都只能建立在一個基礎上，那就是：人唯有先設法去了解〔他究竟是如何了解的？〕此一問題之後，他才算是獲得了一個最基本的資格去追問「是什麼？What is it?」。而在獲得這資格之前，人只能問「是如何？How is it?」。所以，一切哲學的開端，就是對語言的批判，因爲哲學寄生在語言之上。

我相信，以上的這個論點就是維根斯坦在以下這兩條神秘引言裡所原本要說的原義：

事物只能被加以名稱。記號是它們的代表。我只能提及它們，但我不能表述它們。命題只能說「事物是如何」（how things are）但不能說「事物是什麼」（what things are）（TL3.221）

（註：這是維根斯坦尚在《論說》中的迷思，對《論說》中的維根斯坦而言，語言只能負擔「How is it」而不能負擔「What is it」。）

哲學只是把一切都擺在我們面前，它既不解釋，也不推演，因爲一切都是顯而易見的，沒有什麼可解釋的。我們對那些隱蔽的東西不感興趣。我們也可以將在一切新發現、新發明之前的可能事物名之爲「哲學」。（PI126）

（註：在《探討》中的維根斯坦已經瞭解到他在《論說》中的錯誤；而且他發現原來在日常語言的運用中，人們早已透露出他們所能操作的，遠遠超出他們所認爲的；所以維根斯坦要中止哲學家們對存在的妄想與造作，他要求哲學家停下來觀察，觀察一切早已存在的事實，而不要妄加添附。）

並且，透過以上的理解，我想，我們終於被允許進入維根斯坦的思想核心，而這個核心甚至是連維根斯坦自己，都說不出來，只能終其一生在他的作品中如靈光一現般地顯示，所以一般人當然也就無法理解，因而只能被視爲他無法解釋的信念：

最普遍的命題形式就是：這些就是「如實」（Such and such is the case）。（TL4.5）

人們知道生命問題的解答在於這個問題的消滅。（這難道不是在長時期懷疑之後才明白生命的意義的人們畢竟還是不能說出這個意思究竟何在的原因嗎？）（TL6.521）

> 哲學將所有的事物維持一如其是（PI124）
>
> 在哲學中，我們並不下結論。「但事情一定就像這樣！」（But it must be like this！）並非一哲學命題。哲學只陳述每一個人都承認的。（PI599）
>
> 一切的哲學都是對語言的批判（TL4.0031）

我想，透過以上的理解，我們不僅了解了表面的維根斯坦，而且也了解了內在的維根斯坦。而這就是我們爲什麼可以將〔語言與意義〕設定爲維根斯坦的探討重心的根據。

在進入第二階段之前，我們必須作一個必要的澄清：維根斯坦稱前文中「素樸的語言觀念」爲「奧古斯汀的語言概念」，這實在是冤枉了奧古斯汀。假如我們再一次地回顧奧古斯汀在《懺悔錄》第一章第八節中的那一段文字的話，我們會發現，奧古斯汀根本沒有如維根斯坦所宣稱的那種觀念。奧古斯汀只是敘述了一個眞實的過程而已，就這個敘述本身而言，我想，應該是不離譜的。維根斯坦或許是推論太快，或許是拿奧古斯汀來當眾人的一個箭靶，或許是自比爲懺悔中的奧古斯汀，好暗暗承認以前的錯誤。所以，所謂的「奧古斯汀的語言概念」應該更正爲「維根斯坦所謂的奧古斯汀的語言概念」。

【階段二：意義在於使用】

現在，我們進入第二階段。從《探討》的一開頭，維根斯坦就已經清楚地指出這個階段的內容：

> ……而對語言素樸類型之使用現象的研究可以驅散這團迷霧；在這樣的研究中，我們才能看清字詞的目標和功用（the aim and functioning of the words）。（PI5）
>
> 想想工具箱裡的工具，有鎚子、鉗子、螺絲起子、規尺、熔膠鍋、膠、釘子和螺絲。（字詞之功能像這些工具的功能一樣，各不相同。）（這些字詞之間或這些工具之間，彼此皆有類似點。）（PI11）
>
> 將字詞想作由其使用來決定其特性之工具。〔註 38〕
> ……可把這語句當作一工具來看，而把其意義當作它的使用來看。（PI421）

〔註 38〕 Ibid.,註 37，p.67。

在極多種的情形中——雖然不是全部——我們使用「意義」這個字可以被定義如下：一個字詞的意義就是它在語言中的用法。

一個名字的定義，有時可以由指出它的負載者（bearer）來加以解釋。（PI43）

「了解」本身是一種狀態，此狀態是正確使用之來源。（PI146）

一個人會想要談談本句中一個字詞的功能。就好像語句是一個機器，其中的字詞有特定的功能。但這功能在於什麼呢？它如何能在光照之下（come to light）？因爲此處沒有事隱瞞著——我們不是看見了整個語句嗎？功能一定在字詞運作中出現。〔意義本體 meaning-body〕（PI559）

語言是一種工具。語言的各種觀念就是各種工具。（PI569）

讓字詞的使用教導你它們的意義（PIp.220）

請注意，以上這些引言仍然貫穿著《探討》PART Ⅰ。又，其實〔意義在於使用〕此意見在（TL3.262）中就已經出現（註：當然也帶著《論說》中的岐出）：

不能在記號中表現出來的東西，在應用它的時候就會顯露出來。記號所隱蔽或含混的，在應用中就會表示出來。

所以〔意義在於使用〕此一階段之內容的正確描述應該是：意義，透過字詞，語句的使用而顯露。

【階段三：意義在於言說】

此階段中所謂的言說（speech）是在索緒爾定義下的，讓我們再來簡單回顧一下在上一節中，我們從索緒爾的《通用語言學教程》中所綜合的心得：

語言，語言是言說活動的一個主要部份；是表達觀念的一種記號系統。

言說，指的是人們當下說話的完整過程。包括出之於口的所有內容：每一個字詞、語句的音調高低、音階位置、語氣強弱、速度快慢，甚至所有停頓的長短；所有當下發生的身體動作：包括表情、手勢、身體等姿勢；還有說話時的種種外在情境，社會的、私人的，一般的、特殊的等等。

另外，以下的引言將分爲幾個部份，圖示如下：

意義在於言說——
- 過渡（對「意義在於使用」的質疑）
- 不同的語言——遊戲（定義之深
- 感覺與心靈狀態（feeling, state of mind）（在言說之前，存在於人心的「意義」）

以下就是直接引自《探討》的原文：

〔過渡〕

我也將把語言和動作交織而成的整體，稱爲「語言——遊戲」。（PI7）

問你自己：在什麼場合，爲了何種目的，我們才如此說？何種行爲伴隨著這些字詞？（想想——問候語）它們用之於何種場合？爲了什麼要用它們？（PI489）

「我以感覺讀一首詩或一篇小說，當然發生在我身上的，是我只以速讀文句來尋找資料時，所未發生的。」——我在暗指什麼過程？——該語句另有不同的聲調（ring）。我仔細地注意我的聲調。有時，因爲我過份或不夠強調，而把某一字詞的聲調弄錯了。我注意及此而表露在臉上。我可能隨後就仔細地談論我的朗讀，例如我音調上的錯誤。有時一幅圖像，好像是一幅繪圖，向我出現。而這似乎有助於我以正確的表情來閱讀。而我可以指出更多諸如此類的事。——我也可以藉著給予一個字詞某種聲調而帶出其餘字詞的意義，就好像此字詞是整個句子的一個圖像。（而這點當然有賴於語句——構造（sentence-formation））（PIp.214）〔註 39〕

當我帶著表情朗讀而發出此字詞的聲音時，它已經完全充滿著它的意義。——「如果意義是一個字詞的使用的話，怎麼會這樣呢？」嗯！我是企圖以比喻的（figurative）方式來說。並非我選擇了圖形（figue）：而是圖形強加於我。——但是，字詞的比喻運用，不能和原來的使用相衝突。（PIp.215）

害怕是什麼？說"being afraid"意謂著什麼？如果我想在一種單一

〔註 39〕《探討》PART II 的頁碼。

顯示（single shewing）之下定義它——我應該表演（play-act）害怕。（PIp.188）

通常，一個感覺表達是眞是假的問題，並無此一協議。（註：指原文中前一條所提及之人們對顏色判斷的一致性）

****

我確定，的確，他並非假裝；但有些第三者並不確定。我總是能說服別人嗎？如果不能的話，那是否是他的推理與觀察之中犯了錯誤？

****

在此最困難的就是正確無誤地以語言來表示這種不確定性（indefiniteness）。

****

當然可能由證據使我們信服某人的確如此、如此的心靈狀態（a state of mind）之中，例如，他不是在假裝。但是，此處的證據，包括著「無法衡量的」（imponderable）的證據。

****

無法衡量的證據包括了瞥視、姿勢、聲調等等精細微妙之處。（PIpp.227～228）〔註40〕

如果你想要了解一語句，你必須想像其物理上的意義（significance），及相關的心靈狀態。（PI652）

以上引文所顯示的就是，維根斯坦發現字詞的意義是超乎其在語句中的使用，語句的意義亦超乎其在一般文章脈絡中的貧乏。維根斯坦終於從刻板的平面語言使用印象中，回歸到生動活潑的日常口語中。並且發現，對意義的了解是可以在語言之外獲得的；意義並不僅只限於我們由語言、文字中所獲得的，凡是可被我們所了解、所質疑的內容，都是意義的內容。所以，我將此稱爲維根斯坦由「語言」過渡到「言說」的階段。

〔不同的語言——遊戲〕

我們舉證清晰而又簡單的語言——遊戲，並不是爲未來的語言規格化，所作的預備性研究……那樣的話，就好像它是第一個近似值，而卻無視於摩擦和空氣阻力。語言——遊戲是被設定爲比較的對

〔註40〕此段引文在原文中並非連續。

象，不僅是藉著比較相似性，也藉著比較差異性，以幫助我們看清語言的眞相。（PI130）

我們想要在我們的語言使用知識上建立一種秩序：一種帶著視野中特殊終點的秩序；許多可能秩序中的一個；而非唯一的一個。面對此一終點，我們將不斷地被給予一種對於區分的警示，這種區分就是我們一般的語言形式所易於造成逾越的區分。而這可能使它看起來像是我們把它視爲我們改革語言的職志一般。（PI132）

在此，「語言——遊戲」一詞是爲了標明以下事實：語言的言說（speaking）是一個活動的部份，或生活方式的部份。
於下面及其他的例子中檢視語言——遊戲的多樣性：
下命令，及遵守命令——
描述物體的外形，或其度量衡——
依照描述（圖樣）構造一物體——
報導一個事件——
冥想一個事件——
形成並檢驗一個假設——
在圖表中呈現實驗的結果——
編寫故事；閱讀它——
演戲——
唱歌——
猜謎——
製造一個笑話；把它說出來——
解決一個應用算術的問題——
將一種語言譯爲另一種語言——
詢問、道謝、咒罵、問候、禱告。（PI23）

「但你說『我意圖離開』時，你當然是當眞的！在此，又一次地，意義的心靈動作（mental act of meaning）給予語句生命。如果你只是在別人身後重複那語句，比方說嘲笑他的生活方式；那麼你說它的時候就沒有此一心靈動作。」我們在作哲學時，有時就像這樣。讓我們實際地想出各種不同的情境與對話（different situation and conversations），以及在這些情形中說出語句的方式。（PI592）

我們對此情況可以作多種想像（註：指「我很害怕」），例如：
「不！不！我很害怕！」
「抱歉！我必須承認我很害怕！」
「我還是有點害怕，但不像剛才那麼怕了。」
「雖然我自己不願承認，但在心底我還是很害怕。」
「我讓自己承受了各種的恐懼。」
「現在，在我不應該恐懼的時候，我很害怕！」
對以上各個語句而言，都有恰如其份的特別聲調，和不同的語句脈絡（adifferent context）。（PIp.236）

我是在一特定的語句脈絡中，描述我的心靈狀態（例如：害怕）（正如使某一動作成爲一種實驗，也必須有其特定之語句脈絡）。
****
而這多令人驚訝啊！我居然在不同的遊戲（different games）之中使用相同的表式！而且有時還在諸遊戲之間使用相同的表式！
****
而我是否總是以非常確定的目的在說話呢？——是否因爲我沒有確定的目的，所以我所說的就缺乏意義？（PIp.188）

「當你對別人的心靈狀態有一種完全的確定時，這總只是主觀的確定，而不是客觀的確定。」——這兩個字詞（subjective, objective）指出了語言——遊戲之間的差異（a difference between language-games）。（PIp.225）

現在，意義上經過深化了的「語言——遊戲」，具有更廣泛的形式，更深刻、精緻的內涵；它可以是一種生活方式；一種人人不同的說話風格；一種外在或內在的行爲；凡是牽涉到語言、記號之使用的任何過程；是一種被維根斯坦設定爲比較對象的某種警訊，警告我們對於一般語言形式之理解的種種不當逾越；它存在於不同的語句脈絡、情境之中；爲了各種不同的目的；某些被視爲客觀的；某些被視爲主觀的。

於是，所有關於語言表面現象的刻板印象，都在這新定義之下的「語言——遊戲」中被一掃而空。進行到這裡，倘若我們再回顧一下《論說》中所謂的語言之先天邏輯的話，那我們就可以完全地看出它的荒謬；所謂「語言之先天邏輯」的說法，根本就是倒果爲因的妄想。就好像一生下來就被訓練拿刀叉吃肉的孩子，長大後，居然認爲只有刀叉才能拿來吃肉，又硬要說凡不拿刀叉的都不是人一樣。

〔感覺與心靈狀態〕

> 但，一個人說:「我希望他會來。」——是否感覺（feeling）給予字詞「希望」意義？……如果感覺給予字詞意義，那麼在此「意義」意謂重點（point），但爲什麼感覺是重點？「希望」是一種感覺嗎？（PI545）

> 去問:「你如何知道你所相信的？」有意義嗎？——而答案是不是:「我由內省（introspection）知道的。」？
> 在有些情形中，有可能說些這樣的話，但在大多數的情形中則不然。去問:「我是眞正的愛她，或者我只是對自己假裝如此而已？」是有意義。此一內省之過程即爲喚起記憶；喚起想像的可能情境，和喚起「若……則某人會……」之感覺。（PI587）

> 我們很自然地在某種環境（such and such surroundings）中說一句話，但孤立地說它就不自然。我們是否要說，當我們自然地說出一語句時，有一特定的感覺伴隨著每一語句的說出？（PI595）

> 當我們作哲學時，我們將不存在的感覺實體化（hypostatize）。感覺可被用來對我們解釋我們自己的思維。「在此，對我們的思想的解釋需要一種感覺！」這就好像我們的信持（conviction）只是此需要的結果。（PI598）

> 「我正在考慮是否決定明天離開。」（這可被稱爲一心靈狀態之描述）……在此我們被誘導去稱呼意欲（intention）爲一種感覺。這感覺有一種相當的固執，有一種不能改變的決心。（然而在此有很多不同性格的感覺和態度 many different characteristic feelings and attitudes.）（PI588）

> 「了解」本身是一種狀態，此狀態是正確使用之來源。The understanding itself is a state which is the so use of the correct use.（PI146）

> 持一意見（opinion）是一種狀態。——一種什麼狀態？靈魂的狀態？心靈的狀態？我們說持一意見是什麼對象的狀態？例如甲先生的狀態。這正是一個正確的答案。（PI573）

> 我是在一特定的語句脈絡中，描述我的心靈狀態（例如：害怕）（正如使某一動作成為一種實驗，也必須有其特定之語句脈絡）。（PIp.188）

> 心靈態度（mental attitude）並非「伴隨」在所謂的「伴隨著表情的意思」裡。（就像一個人可以獨自旅行，卻還伴隨著我的祝福；或像一間房子可以是空的，卻充滿著陽光。）（PI673）

現在，維根斯坦從意義之獲得的另一個方向來考慮意義。也就是說，在原來的方向中，維根斯坦由一種外在的觀察與考慮來了解：如何透過對字詞、語句、行為、表情、情境、語句脈絡、目的等條件的探討來獲得意義；但在此處，維根斯坦企圖由語言的諸事實來回溯表達之前的心靈狀態、心靈態度、意欲、感覺與感覺的實體化過程；換句話說，就是意義在其未獲得表式（ways of expression）之前的存在狀態。

〔問題七〕

「意義在其未獲得表式之前的存在狀態」是什麼東西？

它　　是一種物質嗎？

　　　不是的話，又是什麼？

它　　存在那裡？

　　　在心靈狀態、心靈態度、意欲、感覺裡嗎？

　　　這些又都存在那裡？

　　　在心靈（mind）裡嗎？

心靈是什麼東西？

　　　是一種物質嗎？

　　　在感官之內，或感官之外？

感官是什麼東西？

身體是什麼東西？

語言是什麼東西？

　　　語言、身體、感官是不是都是一種工具？

假如是的話，

誰　是使用者？

誰　正在使用他（她）的語言、身體、感官，看這篇論文？

是誰？

回答我

四

在這一小節中，首先，我們將指出維根斯坦所遺漏掉的一個重要的關鍵性問題，並將它鋪陳出來，再找出它在《論說》中和《探討》中的解答，並對二者加以比較，然後再由這個比較的結果得出一個進一步的問題，最後再將這個問題融入維根斯坦的整個哲學思想中，並對之作一個妥善的說明。

其次，我們將對維根斯坦的哲學思想作一個最後的反省，並藉以對他從事哲學探討的原始企圖作一個清楚地鳥瞰。

****

〔什麼是悖謬的（nonsense）？〕——在《論說》中的說法

以下將分四個部份來引出原文，以便說明這個被遺漏的問題。茲分列如下：

PART1：X 是悖謬的

PART2：爲什麼 X 是悖謬的

PART3：爲什麼凡是悖謬的都是不可以說的

PART4：對於不可以說的該怎麼辦

PART1：X 是悖謬的

> 因此，本書將爲思想劃定一條界線，或者不如說不是爲思想，而是爲思想的表述劃一界線……因此這種界線只能在語言中劃分，而位於界線另一端的，將只能是悖謬的。（TL 序論）

> 見之於哲學著述中的大多數命題和問題，並不是假的，而是悖謬的。結果，我們不能給這類問題以任何答案，而只能認定它們是悖謬的。大多數的哲學命題和問題，起自於我們未能了解我們語言底邏輯。（它們是屬於善和美究竟有多大程度相同的同一類問題）（TL4.003）

……「蘇格拉底是同一的（identical）」這句話是毫無意謂的（meannothing），其理由是，沒有所謂「同一的」這種性質。這個命題之所以是悖謬的，是因爲我們並沒有去造成一個任意（獨斷）的決定（arbitrary determination），而不是因爲符號本身是不合法的。……（TL5.473）（註：這句話暗示，以往人們對哲學問題的判斷，大多是一種任意且獨斷的決定。）

粗略地說，說兩個事物是同一的，是悖謬的；而說一個事物與其自身同一，則什麼也沒說。（TL5.5303）

PART2：為什麼 X 是悖謬的

……凡是有人想說某種形上學的東西時，……向他指明，他並不能給他的命題中的某些記號予意義……。（TL6.53）

命題表明它們所說的東西（show what they say），套套句（tautologies）和矛盾句（contradictions）表明它們什麼也沒說（show that they say nothing）。套套句沒有眞值的條件，因爲它是無條件地眞；矛盾句則是在任何條件下都不是眞的。套套句和矛盾句缺乏意義（lack sense）。（如同兩隻箭由同一點向相對反的方向射出。）

（例如，當我知道天氣或下雨或不下雨時，我對天氣還是一無所知。）（TL4.461）

套套句和矛盾句不是悖謬的，它們是符號體系的一部份，如同“0”是算數符號體系的一部份一樣。（TL4.4611）

請特別注意以上三段中的三個句子，

「不能給他的命題中的某些記號予意義」

「套套句和矛盾句缺乏意義。」

「套套句和矛盾句不是悖謬的。」

這三句話可以澄清關於德文 unsinnig 一字翻譯爲英文 nonsense 再翻譯爲中文「悖謬」一詞之後的正確語義。當維根斯坦在《論說》中指稱一個命題爲悖謬的時候，他的意思應該是：

當我們無法給予某命題中的某些文字記號以明確的意義時，這個命題是悖謬的。

注意，許多對維根斯坦的誤解，就是肇因於人們誤將 nonsense 解釋爲「無意義的 senseless」，而且對於維根斯坦在《論說》中的主旨又一知半解，於是就望文生義地一口咬定維根斯坦認爲哲學中關於形上學、倫理學、美學領域中的字詞是沒有意義的，此尤以維也納學派（Vienna school）爲最。

PART3：為什麼凡是悖謬的都是不可以說的

> 懷疑論並不是不能駁斥的，但當它在不能提出問題之處卻企圖提出質疑的時候，它就明顯地是悖謬的。因爲疑問只能存在於問題存在之處，問題只能存在於解答存在之處，而且解答只能存在於某些可以說出事物之處。（TL6.51）

我們可以由這條引文清楚地見出，維根斯坦關於「悖謬的」與「不可以的」兩個概念之間的遞衍邏輯。維根斯坦先規定什麼是「可說的事物」，再規定只有在存在著這些「可說的事物」之處才能有「解答」，再規定只有在存在著這些「解答」之處才能有「問題」，再規定只有在存在著這些「問題」之處才能有「疑問」，最後，再判定，凡是超出他所規定的「疑問」的範圍之外的疑問，都是悖謬的。

PART4：對於不可以說的該怎麼辦

> 對於我們所不能說的，我們必須在沉默中略過。（TL7）

****

〔什麼是悖謬的（nonsense）？〕

——在《探討》中的說法，「悖謬」一詞的新含義

> 讓我們先討論以下這一點論證：一個字詞若沒有對應物，則沒有意義。——注意到以下所說的是很重要的：如果「意義」這字詞是用來指稱與字詞「對應」的東西，則「意義」這字詞的用法就是不當的（illicitly）。這就是混淆了名稱的意義與名稱的擁有者（bearer）。當 NN 先生死的時候，我們說這名字的擁有者死了，而不說這名字的意義死了。而假如我們如此說「假設該名字停止其意義的話，那說『NN 先生死』就是無意義的」的話，那更是悖謬的。（PI40）

維根斯坦在這裡反省到他在《論說》中的主張〔意義在於對象事物〕是不合理的，因此也反省到〔字詞若沒有對應物，則沒有意義〕此一主張亦爲悖謬的。於是，關於「什麼是悖謬的？」的理由，就排除了該字詞是否要有其對應物的這一項考慮。

> ……是不是可以這樣說：因爲我使用一個我不知道其意義的字詞，

所以我說的話是悖謬的？——隨你所選擇的去說，只要它並不去妨礙你看清事實。（而在你看清事實之後，有好多話，你就不會說了。）

（科學定義的變遷：今日被視爲一個現象的可被觀察得到的伴隨物，明天可能被用來定義該現象。）（PI79）

維根斯坦在這裡反省到他在《論說》中的主張〔命題中的字詞若無明確意義，則是悖謬的〕是過份獨斷的。於是，關於「什麼是悖謬的？」的理由，就又排除了該字詞是否要有明確意義的這一項考慮。

「但在童話故事中，茶壺可以看也可以聽！」（當然；它還能說話呢！）

「但童話故事只是杜撰不實在的東西而已（invents what is not the case）：它並不是胡說八道（nonsense）。」——事情並沒有這麼簡單。說茶壺會說話，是假的？或悖謬的？對於我們說一個茶壺會說話的情境，我們有沒有一幅清晰的圖象？（即使是一首胡說八道的詩（nonsensepoem）和小孩子的牙牙學語都同樣不是悖謬的。）（PI282）

維根斯坦在這裡終於反省到：他在《論說》中主張的所謂的〔悖謬〕，根本是毫無所指的，有的只是他自己的額外造作與偏狹的解釋。

我們的錯誤是在應該看原型現象（proto-phenomenon）是怎麼回事的地方，卻去尋求一個解釋。……（PI654）

我的目的是：教導大家把一件經偽裝過了的悖謬，辨明、轉變爲明顯的悖謬（My aim is：to teach you to pass from a piece of disguised nonsense to something that is patent nonsense）。（PI464）

圖畫和虛構的故事帶給我們快樂，佔據了我們的心靈：不要將以上的事實視爲理所當然，而要把它們視爲了不起的事實。

（「不要將它視爲理所當然」，意謂著：發現它是令人驚奇的，就猶如你作著某件困擾著你的事情一樣。結果，「虛構故事」的令人迷惑的面貌消失掉了，就由於你將它視同爲你所作的其它事情一般。）

〔從明顯的悖謬到某種經偽裝過了的悖謬之間的轉變（transition）〕

（PI524）

假如我們沒有發現（PI524）的話，那我想沒有人會有機會去理解在（PI464）中維根斯坦再一次地如此明確的表面宣稱。（註：維根斯坦共有兩次宣稱他自己的哲學目的，第一次是在（PI309）「指引蒼蠅飛出蠅瓶的道路」。）因爲，從它的前後原文中根本找不到任何可能提供理解的線索。現在，我們有了（PI524）中的明確釋例，那就可以確定維根斯坦所自稱的目標究竟爲何了。

我們發現到：維根斯坦仍然把某些事物稱爲是悖謬的；而且他發現這些悖謬的事物，在一般人的眼中或習慣中，往往會不自覺地將它們令人驚奇的本質逐漸視爲是理所當然的，於是這些原本非常明顯的悖謬，就會被僞裝成一種和其他瑣事一樣平平無奇的日常事務。

經過了以上的了解，我們會很驚訝的發現：維根斯坦對「悖謬」一詞的使用，已經由原來在《論說》中消極的劃分、排除，轉變爲目前積極的發覺、呈顯。而且「悖謬」一詞的指涉似乎有所改變，也就是說，原本它在《論說》中，似乎只指謂著哲學中諸概念；但在《探討》中，似乎一方面擴及到日常生活中的一些事件，如一個虛構的故事，但一方面卻排除了另一些，例如，一首胡說八道的詩或小孩子的牙牙學語。

****

〔維根斯坦的目的？〕

現在，爲什麼我說〔什麼是悖謬的？〕是一個具關鍵性的重要問題？我的理由是：

> 《論說》中的維根斯坦將它先預設爲一個絶對標準，再用以裁判什麼是可以說的，什麼是不可以說的。而這正是維根斯坦在《論說》中的最後結論。《探討》中的維根斯坦則不再以它爲一個可不可說的裁判標準，但仍堅持它爲一個重要的區別。例如：一個令人感到驚奇的現象：虛構的故事與圖畫（註：一本附插圖的童話故事書）能夠帶給我們快樂，並佔據我們的心靈。
>
> 這是一種有別於一般事務的傑出事實。而且他的目的就在於：教導大家把一件經僞裝過了的悖謬辨明、轉變爲明顯的悖謬。

現在，我們知道它對維根斯坦而言，的確是個具關鍵性且重要的問題，因爲維根斯坦的中心意念始終灌注於此。

〔問題八〕

> 但，這又代表著什麼？究竟是什麼意思？這跟維根斯坦認爲：一切的哲學都是對語言的批判。（TL4.0031）有什麼關係？維根斯坦的覺醒，對西方哲學而言，代表著怎樣的意義？

〔反省〕

現在，一個簡單的問題：

維根斯坦提供了西方傳統哲學怎樣的反省？

爲什麼我說維根斯坦揭露了一個對西方哲學而言，足以逼近哲學眞理的全新方向？爲什麼我說〔語言與意義〕這三個階段，在某種程度的意義上，事實上就表徵著維根斯坦逐漸掙脫一種長久以來普遍彌漫於西方傳統哲學之中的語言迷思的里程碑？爲什麼維根斯坦會說，他的思想和歐美文明的主流格格不入，具有科學頭腦的人是理解不了他的，他是在爲地球上具有不同文化傳統的人寫作？〔註41〕

我想表明的是：

1. 我們必須先提出一個能夠眞確瞭解維根斯坦理路的完整說明。（所謂的「眞確瞭解」，就是能夠對維根斯坦所說的諸「怪說」作通盤的說明。也就是說，對維根斯坦作爲一個哲學家的誠實是不容懷疑的。我們不能因爲自己的無法理解，而簡單地把維根斯坦的一些說法歸爲夢囈，或任意地割裂、曲解或加以利用。）
2. 然後透過以上的理解，我們再來觀察爲何在他的時代中的三個一流哲學家羅素、穆爾和弗雷格都無法理解他？爲什麼維根斯坦的學說至今在西方哲學界中仍然是眾說紛云？究竟是維根斯坦造成了混亂，還是混亂來自於西方哲學的根底性格？
3. 最後，經過以上的考察，我們可能會發現：瞭解了維根斯坦的眞正意圖，我們才能瞭解維根斯坦之所以會被西方哲學界誤解的原因；而瞭解了維根斯坦之所以會被誤解的原因，就能夠瞭解這個原因正是維根斯坦所要批判的眞正對象；而瞭解了這個原因以及這個原因所加諸於維根斯坦的諸現象，就能進一步導引我們去觀察到這個原因的一個更深沉的面貌。走到了這個地步，我們才終於會瞭解維根斯坦的哲學目的：「指引蒼蠅飛出蠅瓶的道路」（PI309）

〔維根斯坦哲學鳥瞰〕

我將用以下這個簡單的圖示來表明維根斯坦的原始企圖：

〔註41〕維根斯坦的原稿發表在 *Culture and Value*（ed. by G. H. Von Wright, Basil Blackwell）一書中，pp.6-7。（以上引自《維特根斯坦》，趙敦華著，遠流，臺北，1988，p.19）

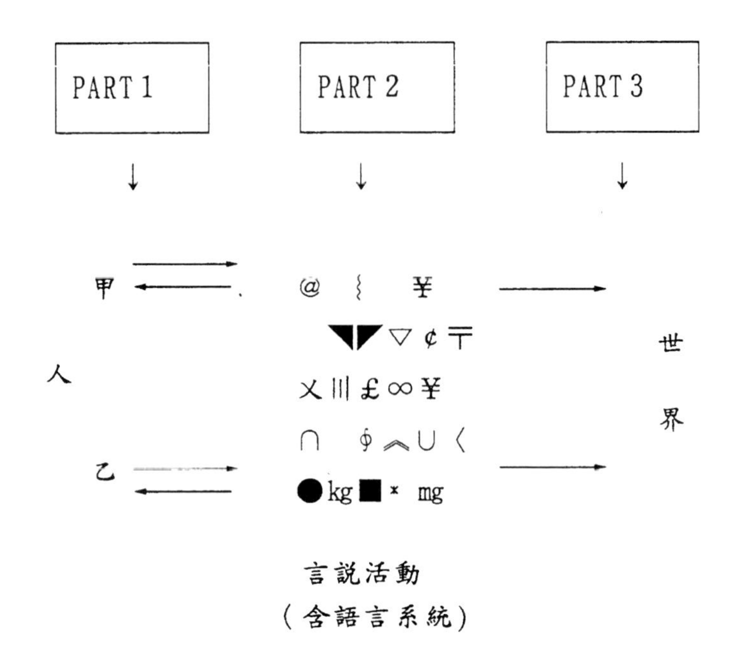

言說活動
（含語言系統）

1. 首先，維根斯坦批評西方傳統哲學只考慮 PART3 是什麼，完全忽略了 PART2 使用情形中的混亂與誤謬。
2. 其次，《論說》中的維根斯坦，認爲要矯正西方傳統哲學的誤謬，就在於找出 PART2 和 PART3 之間共有的先天邏輯結構，以規範人們對 PART3 的認識。
3. 最後，維根斯坦終於了解到 PART1，PART2，PART3 三者之間是相互關聯著的：

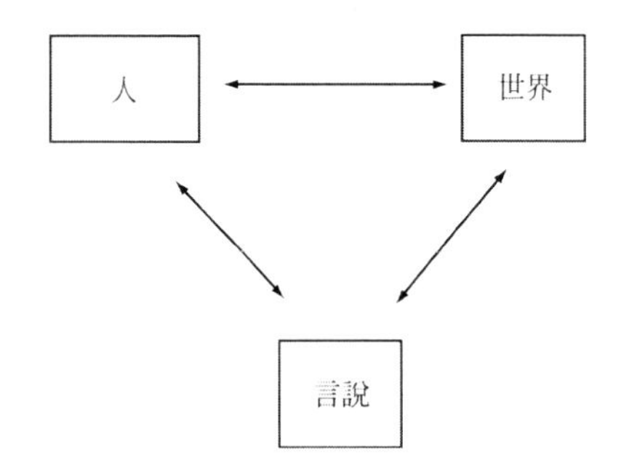

於是，維根斯坦的問題如下：

人如何瞭解世界？

人應該如何使用語言來描述世界？

人應該如何使用語言來瞭解世界？
人如何使用語言來相互溝通？
人如何了解語言？
人如何了解語言的內容？
人如何了解言說？
人如何透過言說來相互溝通？
人如何透過言說來描述世界？
人如何透過言說來瞭解世界？
最後，
世界是什麼？

第四節　結　論

現在，我們終於把所有的線索都陳述完了。關於語言現象的討論，就剩最後的一個步驟：那就是按著我原先所設定的佈局，一一將所有的線索兜攏起來，呈現給諸位一幅最完整的畫面。茲分述如以下六點：

（一）問題的回顧

以下我將把這一章的綱要，及間雜於其中的問題簡略地列出，然後再提出解答。

****

第一節　禪宗對語言現象的意見

【禪宗宗旨】

〔問題一〕：

爲什麼沿著正好相反的路徑，卻能達到相同的目的呢？究竟語言、文字的本質是什麼呢？爲什麼對它抱持著贊同與反對，兩種不同態度的方法，居然都能終於達成相同的目的呢？

〔回答一〕：

從文字表面上來看，這兩條途徑的確是相反的；一條似乎以九部種種教法爲歸依，另一條則不立文字，教外別傳。但經過我們在這一章中對語言之本質的諸般考察之後，我們很容易就可以瞭解到：這兩條途徑的差別並不在於對言說、文字持相反的意見，而在於對言說、文字之運用上的精粗之別。

我們已經知道，在意義的傳遞途徑中，唯有當下進行中的言說活動才是具有最充分傳遞可能的途徑；當世尊原本的設巧方便、如應所說之法，被記錄成文字，成爲九部種種教法之後，諸教法遂成爲可被任意割裂、援引的文字記號；而這些被割裂、援引的文字記號在原本世尊所欲傳遞意義的言說中，只是整個言說活動的一個部份，其他的部份還有當時的情境、目的、語句脈絡、動作、表情、音調……等等因素所組成的語言——遊戲。但是，一旦成爲文字記號之後，其負載之意義則可隨引用者當時的情境、目的、語句脈絡、動作、表情、音調……等等因素所組成的語言——遊戲而改變。

所以，禪宗的「教外別傳，不立文字」，是世尊的另一種更直接的教育方式，更直接地藉言說活動直截地傳遞意義，即以心傳心之法。至於其所欲達成之目的，當然就是宗旨的後兩句「直指人心，見性成佛」。而這就必須等到第二章才能說明了。〔待續一〕

【神珠衣櫃之喻】

〔問題二〕:

1. 爲什麼說世尊滅度或不滅度都不對呢？
2. 百萬億眾究竟都契悟了什麼？
3. 又，佛的眞義究竟是什麼呢？

〔回答二〕:

這個問題牽涉很廣，但在最表面的一個涉及語言的層面，是我們現在可以回答的：

1. 關於世尊說這番話的前一刻（一般人所謂的「滅度」前）與後一刻（「滅度」後）之間所發生的事實，依我們一般的理解就是「死亡」。此事事關重大，顯然不是我們能力所及。但是，可以稍作理解的是：世尊很明白地指示我們，當下發生在他身上的事實，不是「滅度」與「不滅度」這兩個詞所指稱的意義所能涵概的，也就是說，不是一般概念中的「死亡」。

2. 百萬億眾所契悟的，顯然就是世尊所說法的眞義，這是超出目前我們的理解範圍的。
3. 其次，關於世尊所說的眞義，也就是世尊所想要傳達的意義，依我們現在對言說現象的瞭解，我們可以很清楚地明白的只是：意義並不在所說的這些記號之中，這些記號只是工具而已。即使我們藉著文字來重新詮釋，都可能陷入各自爲政的局面。

   所以，我們似乎可以承認，在一種表面上徹底嚴格的要求之下，我們面對的似乎只是一堆文字殘骸，而眞正賦與它生命的，似乎已經隨風而逝。

   然而，我必須在這個表面上的徹底絕望中，提醒我的讀者：事實上還有其他的路徑可以使我們恢復這些文字的生命。

   想想看以下的例子：假如你肚子餓了，想吃飯，可是你卻發現全世界都沒米了，所有的米倉都空了，再也沒有「稻子」這種植物了。

   那你眞的會因爲沒有飯吃，而餓死嗎？

   我們必須將問題二繼續保留到下一章。〔待續二〕

〔問題三〕：

1. 什麼是　語？言說？
2. 什麼是　執著？攀緣？妄想？
3. 什麼是　義？它是意義（meaning）嗎？
4. 什麼是　善義？
5. 什麼是　法？
6. 什麼是　生？滅？
7. 爲什麼　言說「墮」於文字？

〔回答三〕：

1. 注意：《楞伽經》卷三中的「語」，就是卷四中的「言說」，也大略就是索緒爾所謂的「言說」，但更精確點兒說，應該指的是言說活動中，可以用錄音機記錄下來的聲音部份。
2. 執著、攀緣、妄想，可以用下的例子來說明：一個正在作語義分析的倫理學家，他把“I am dead!”這句話分析爲，「Ｉ」是主詞；「ａｍ」是連繫詞，是指謂的存在肯定，「ｄｅａｄ」是謂詞，而且“dead”有兩個詞性，一個是名詞，一個是形容詞，若按名詞來理解這句話的話，那它的意思是：
「我是死者！」
若按形容詞來理解這句話的話，那它的意思是：
「我死了！」
所以這個正在作語義分析的倫理學家，他判斷：假如是第一個意思的話，那說話的「I」肯定是鬼。
若是第二個意思的話，那這句話是自相矛盾的或是一句謊話；因爲只有活著的人才能說話，這個「I」不可能既死了，而又能說這句話，這是違反矛盾律（LAW of Noncontradiction）的，因爲事物 A 不可以既是 A 又不是 A（a thing A cannot be both A and not A）；否則就是這個「I」在說謊，這句話顯然是個假的命題。
我想，這個例子應該可以清楚地將執著、攀緣、妄想三者的關係及其產生的後果顯示出來。這個倫理學家和一般人一樣，由於從小習慣於使用言說來表達自己的心意，亦習慣於透過別人的言說來了解別人的心意，而且也沒有察覺到言說被記錄爲文字記號之後的在意義上的失落；於是，他就執著於這整個言說活動的表象（心意→言說→文字），毫不懷疑地認定意義就在文字當中；就開始攀緣著存在於語言系統中的句法結構來對一句話作仔細分析，並對分析的種種結果不但不加以反省、質疑，反而又再度攀緣而生種種虛妄的幻想。

3. 「義」指的的確是意義；也就是維根斯坦所說的某種心靈狀態（state of mind），意義在其未獲得表式之前的存在狀態。
4. 目前我們還無法得知「善義」的意思，我們必須它繼續保留到下一章。〔待續三〕
5. 「法」指的是一切言說中，諸語言名相所指涉的事事物物。這些被人類的言說所指涉的事事物物，並不是一個可聽見的聲音或一個可看見的符號，而是在言說、文字之外的。
   但是，請特別注意：
   > 這些所謂的「事事物物」，並非西方哲學概念中所謂的「物質」或「事件」（指在時間之中，因著諸物質之間關係的變動，而產生的接續狀態）。

由於我們在此處的進度，尚無法對「法」的眞義作徹底的說明，必須

等到第二章結束之後，我才能提供一個完備的解釋。（註：請參考第二章第一節，第二節和結論）

但可以在此暗示的是：

對「法」的理解，必須伴隨著對「義」的理解，才能徹底通貫。〔待續四〕

6. 「生」，指的是因某些條件（因緣合和）而存在著的現象；「滅」，指的是因某些條件（因緣分散）而消失了的現象。而所謂的存在或消失，指的是相對於感官而言的可察覺或不可察覺。

   而關於「言說生滅，義不生滅」，對於這句話，我們可以理解爲：「言說」可能因爲沒有留下任何記錄，而方生方死，說了等於沒說；但「義」則恰好相反，不管有沒有被表達過，它總是永恆存在的。這解釋有一點兒神奇，但我相信仍是合理、可以瞭解的，我們會在後面解釋得更清楚些。〔待續五〕

7. 「墮」指的就是完整的意義在被記錄的過程中，被逐漸剝削內容的過程。並請參考第二節中索緒爾所謂的「文字僭越口語形式的四點原因」。

第二節　索緒爾對語言的看法

1. 言說行爲
2. 言說與語言的定義
3. 言說與語言的關係
4. 語言的四個特徵
5. 語言的傳統
6. 語言與文字的關係
7. 文字僭越口語形式的四點原因

〔問題四〕

這事實上是一個奠基於索緒爾，卻超越索緒爾的問題。嘗試著想像以下的過程：

A. 以攝影機攝影（包含聲音和影像）

B. 將攝影機所錄下的聲音經錄音機再錄下聲音

C. 將錄音機中所錄下的聲音以文字記載下來

1. 在這三種記錄方式之下所得到的對這場言說活動的三個證據，錄影帶、錄音帶和一紙記錄，究竟對於後人對這場重要的言說活動的研究造成如何的差別？

2. 從 A 到 B，再從 B 到 C，究竟遺漏了什麼？
3. 倘若我們只擁有文字記錄，那透過索緒爾所說的存在於我們腦中的對語言（language）記號系統的掌握，我們可能完全恢復聽錄音帶或看、聽錄影帶時的理解嗎？可能的誤解陷阱在那裡？在一場言說中的語言之外的聲調、音階、語氣、速度、停頓、表情和動作，代表的是什麼？言說活動透過它們對語言的幫助是什麼？缺少了它們，對人們所謂的對文字的理解（即，僅憑藉著對語言記號系統的掌握）又能產生多少的影響？
4. 一個簡單的問題：倘若我們只有文字，我們會遺失掉多少意義？

〔回答四〕：

這不是一個問題，是一個暗示。

〔問題五〕：

又，已經遺失掉了的意義，是否就再也無法恢復了？

〔回答五〕：

這個問題牽涉到問題一與問題二，因而也是目前我們無法說明的。〔待續六〕

〔問題六〕：

邏輯，存在那裡？在言說中，還是在語言中？

〔回答六〕：

邏輯，一種關於命題推論的抽象的形式規則；既與命題內容無關，又無法保證推論終點的眞假；甚至，以量限邏輯作稍微複雜一點的命題推論時，可能連眞值表都畫不出來。倘若以數學中的集合觀念來比擬的話，我想，我們應該可以得到三者之間如下的關係：

｛邏輯｝⊂｛語言｝⊂｛言說｝

（邏輯包含於語言之中，語言又包含於言說之中）

（註：關於邏輯，請參考本節問題九與第二章第二節）〔待續七〕

第三節　維根斯坦對語言的看法

【論說】

1. 語言
2. 世界和語言

3. 不可說的

【質疑】

1.語言與意義

2.語言與邏輯

【探討】

階段一：意義在於對象事物

階段二：意義在於使用

階段三：意義在於言說

意義在於言說
- 過渡（對「意義在於使用」的質疑）
- 不同的語言——遊戲（定義之深化）
- 感覺與心靈狀態（feeling, state of mind）（在言說之前，存在於人心的「意義」）

〔問題七〕

「意義在其未獲得表式之前的存在狀態」是什麼東西？

它　是一種物質嗎？

不是的話，又是什麼？

它　存在那裡？

在心靈狀態、心靈態度、意欲、感覺裡嗎？

這些又都存在那裡？

在心靈（mind）裡嗎？

心靈是什麼東西？

是一種物質嗎？

在感官之內，或感官之外？

感官是什麼東西？

身體是什麼東西？

語言是什麼東西？

語言、身體、感官是不是都是一種工具？

假如是的話，

誰　是使用者？

誰　正在使用他的語言、身體、感官看這篇論文？

是誰？

回答我

〔回答七〕：

這是一個典型的禪宗現代公案。它可以說是一個問題，也可以說不是個問題；因爲本文作者顯然想藉著它來暗示些什麼，只是這個暗示穿了一件問題的外衣而已。

【什麼是悖謬的（nonsense）？——在《論說》中的說法】

PART1：X 是悖謬的

PART2：爲什麼 X 是悖謬的

PART3：爲什麼凡是悖謬的都是不可以說的

PART4：對於不可以說的該怎麼辦

【什麼是悖謬的（nonsense）？——在《探討》中的說法，「悖謬」一詞的新含意】

【維根斯坦的目的？】

〔問題八〕

但，這又代表著什麼？究竟是什麼意思？這跟維根斯坦認爲：一切的哲學都是對語言的批判。（TL4.0031）有什麼關係？維根斯坦的覺醒，對西方哲學而言，代表著怎樣的意義？

〔回答八〕：

由於這個問題牽涉到我們將在第二章中討論的「眞理」之諸探討，所以，我必須把它留到下一章。〔待續八〕

【反省】

【維根斯坦哲學鳥瞰】

第四節　結　論

【問題的回顧】

【禪宗的教育方法】

【問題的根源】

【索緒爾與維根斯坦所提供的解決方向】

PART1：維根斯坦

PART2：索緒爾

【語言問題的結論】

1. 關於意義的傳遞

2. 關於意義與言說

〔問題九〕（請見下文）

〔回答九〕（請見下文）

【一個提醒】

【禪宗與西方哲學】

（二）禪宗的教育方法

爲什麼這一章的論述次序會如此安排？因爲，從一般所謂的正常說明順序，我應該是將前三節的次序整個倒轉過來的；我應該先討論維根斯坦，以便將所有錯綜複雜的語言糾結呈顯出來；其次，再透過索緒爾的語言、言說二分，來總攝這些糾葛，一刀分判爲兩個不同領域——言說的歸於言說，語言的歸於語言——；最後才進入禪宗的天地，由世尊透過《楞伽經》來隨宜說法，一一得令度脫。

爲什麼我要把它們顛倒過來呢？

我的理由是：這是一種由禪宗所提供的教育方法。

禪宗認爲：

> 只有從最赤裸的問題上來引起質疑——引起不斷的質疑——，造成適當的心靈環境，之後，才是藥石所能下的最恰當時機。

（註：這個洞識的原因，目前還無法說明）〔待續九〕

也就是說，以上第一章絕大部份所呈現的，是爲了鋪陳我所有的問題而有的虛骨架；我希望在它們還保有原始面貌之前，將它們透過我的理解以最純粹的容顏（在它們還未成爲一個某某的理由之前）呈現在諸位的考察之下，這也是我所以大量引出原文的原因。而這個虛骨架，將在以下的正面說明中，第一次獲得它眞正的血肉。（當然，想必有些讀者已經在各自的心中自行完成了這個步驟，可是，我還是得說明它，這就是禪宗公案與哲學論文的不同之處了。）

（三）問題的根源——追尋眞理的路途中，關於意義之判定的語言問題

問題的根源所在，正面來說就是：

哲學家們企求眞理；而眞理「似乎」是一種隱蔽的東西；所以，哲學家們以語言來陳述、溝通、推論，希望終於得到眞理。因此，在追尋眞理的路途中，關於意義之判定的語言問題，就在不知不覺之中產生……

語言（language）的本質，以一種比喻的方式來說，就只是個涵攝於言說（speech）活動之中的一個模糊的鷹架。這個鷹架，確實存在在言說活動之中；鷹架的每一吋材質、茆釘、結構都可以在語言學家所編造的詞典中找到相對應的字彙與文法；詞典中的每一字詞，可能擁有一個到多個有限的定義（或說「意義」）；詞典中的每一條文法，也的確擁有其實際應用的有限例句；

然而，假如我們把頭從詞典中抬起，實際地觀察人類眞實的言說活動的話，我們很明顯地會察覺：字彙與文法，在實際生活的運用當中，卻又是如此地變化多端；字詞的意義、文法的規則，端視言說活動的當下情境、當下目的，一一被遵守、被改變、被顚覆；但是，意義仍被無比明確地表達了；可是，當言說活動在透過不同方式的記錄轉載之後（請參考問題四），它原本最明顯、確定且固定的意義內容，卻在人類所謂的「詮釋」（極少的「眞」和極多的「僞眞」）之下，無限地膨脹了起來；但是絕大多數的哲學家，並沒有意識到這個事實。他們就著手上所擁有的記錄，爭相提出自以爲正確的詮釋；

現在，諸位請注意了！狀況正急轉直下地在持續惡化當中；這些哲學家，有的是以眞理之獨創者的姿態出現，有的是以眞理之傳承者的姿態出現，而他們的著作，所留給後人的困擾是如出一轍、甚至變本加厲的；猶如千疊萬層的澎湃浪濤在亙古的海灘上嗚咽著模糊難辨的歌聲……

於是，所有的眞理與意義開始模糊了起來；那個原本歷歷在目的語言鷹架，卻在哲學家們的灼灼目光下，如海市蜃樓般地逼取便逝。哲學家們於是企圖向「邏輯」——一種關於命題推論的抽象規則；亞里斯多德所發現的，認爲得以獲得哲學和科學眞知識的工具或方法——求救；他們以爲，憑藉著正確的語句推論形式，可以保證那個推論之終點的正確無誤；但是，我們卻發現，即使我們擁有一個論證的有效推論形式，但當我們企圖將任意語句代入時，對於語句的眞假，仍然是我們所無能爲力的，於是，對於此一「任意語句」，我們就必須加以多方的限定，以求其得以符合邏輯形式的「要求」；於是，經過了層層設限

之後，所謂的「任意語句」，已經萎縮在一個極小的範圍之內。而當我們再回顧我們的原初目的時，我們會發現，這正是一個典型的「削足適履」的過程；試問：在經過如此的過程之後，我們還可能邁出任何步伐嗎？

（四）索緒爾與維根斯坦所提供的解決方向

我的意見是：維根斯坦既錯綜複雜，又神秘難解的哲學探討，可能只有在索緒爾對語言的明確分判之下，才得以提供我們一個正確的光照。〔註 42〕

註：維根斯坦和索緒爾兩人其實是相互補充、也互為保證的。因為關於任何對象，人類都可以、也欲求著所有不同的探索方向。維根斯坦從哲學的語言深淵中奮力向上尋求光芒，索緒爾則平鋪直述地直接談論他對語言的看法。事實上在《通用語言學教程》中的

緒論

第一編：一般原理（part one：general principles）

第二編：共時語言學（part two：synchronic linguistics）

以上這三部份的內容，對哲學家們關於因語言上的混淆而有的爭論、困擾都有莫大的澄清作用。但我在取擇上的標準是哲學的，也就是說，我在本文中只選擇了《教程》中與哲學最有關係的部份，也就是直接關聯到維根斯坦的哲學核心的部份，即言說與語言的區別；而這個區別的內在關聯，從哲學的角度來看，最重要的就是在於意義的傳遞方式之上。

〔PARTⅠ：維根斯坦〕

現在，維根斯坦以獨特的姿態上場。他暴烈地要求哲學家們反省一個事實：所有所謂探討眞理的「哲學」意見都必須透過語言來表達；而我們是否對所有語言的意義都有相同的共識？更何況是得以透過它們來瞭解的所謂的「哲學」眞理呢！

很明顯地，維根斯坦認為沒有這樣的共識；

在《論說》中，他認為，哲學中的混亂，完全來自於我們所使用的語言的混亂；因此他要求一種字詞意義上的革命：他要求，一個字詞只能有一個相符應的對象事物；他要求，所有的語句必須符合一個最基本的邏輯句法；結果，他發現，在如此的限定之下，這種語言所能表達的唯一對象，只有自

〔註 42〕維根斯坦語。《探討》，前言，” could be seen in the right light” 。

然科學；於是《論說》中的維根斯坦宣稱：

對於我們所不能說的，我們必須在沉默中略過。

但在往後的十六年間，維根斯坦逐漸明白，他對語言所作的限制，不過是一種以日常語言的記號系統爲模仿對象的簡化了的對語言的觀念而已。他發現，透過我們的日常言說，事實上，我們正精確地表達著我們所渴望表達的意圖（當然，並非每次都可以成功，亦非每次終於都能找到最貼切的表達方式，但相較於他原本簡化了的語言觀念，已經是奇蹟了）；於是，維根斯坦開始更深入地追問：我們所謂了解一句話、一件事，或說，了解一句話的意義，一件事的意義，到底是什麼意思呢？我們是如何透過言說了解的呢？我們「了解得到的」，究竟是什麼呢？可能是意義。那意義又是什麼呢？意義如何透過負載它的他人的言說，而進入我的意識中呢？

現在，維根斯坦反求諸己，他轉個方向反問自己，那我究竟如何以言說來表達自己呢？（他知道，了解了自己這邊的過程，就等於是了解他人那邊的過程。）

最後，維根斯坦發現，我們是先有一種心靈狀態（state of mind）、感覺（feeling）或意欲（intention）之後，才以我們從小所受的有關語言方面的訓練，〔註 43〕透過各種因著不同情境（situations）、環境（surroundings）、語句脈絡（context）、目的而隨時調整、改變的語言——遊戲來表達我們自己。

〔PARTⅡ〕索緒爾

現在，讓我們更直接的透過索緒爾來看維根斯坦。若從索緒爾的言說、語言二分來看，《論說》中的維根斯坦企圖建立一套簡單的語言系統；而《探討》中的維根斯坦，瞭解語言終究是一種社會規約之下的記號系統，於是他以語言——遊戲來作爲一個簡單的比較模型，由它來觀察言說活動的更爲眞實的面貌。現在，從意義之判定的語言問題上來著眼：

《論說》中的維根斯坦，以爲意義是在「語言」

（語言是言說活動的一個主要部份；表達觀念的一種記號系統；一種不僅獨立於個人意志之外的；而且是個人無法自行修正、創造的社會性普遍契約；一種社會集體所創造、所提供的工具。）

〔註 43〕包含模仿、指物、辨聲、識字、造句、作文、演說、口試、交談、……等等過程。就如同我們學習一種在字彙、發音、語法上完全陌生的第二語言的所有過程。

（註：比較《探討》中維根斯坦反對私有語言的理由）

中的名字的對象事物裡。

但在《探討》中的維根斯坦卻發現，意義是透過「言說」

（整個來看，言說活動是多方面的、性質複雜的，同時跨著物理、生理和心理幾個領域，它還屬於個人的和社會的領域。我們無法把它歸入任何一個人文事實的範疇，因為我們無法發現它的統一體。）

（言說（speech），指的是人們當下說話的完整過程。包括出之於口的所有內容：每一個字詞、語句的音調高低、音階位置、語氣強弱、速度快慢，甚至所有停頓的長短；所有當下發生的身體動作：包括表情、手勢、身體等姿勢；還有說話時的種種外在情境，社會的、私人的，一般的、特殊的等等。）

而表達的。語言系統的效力，僅止於提供一個最原型的溝通模式，〔註44〕人們在事實上，是藉著這個模式的無限多種變形的使用來相互溝通的。（註：我想，維根斯坦會將他的模型稱為語言——遊戲（language-game, sprachspiele）的原因也就在此，因為遊戲的規則是由遊戲者規定、協議而有的，所以，為了無限多的目的，我們就可以有無限多的語言——遊戲，只要參與者同意了，那遊戲就可以進行。）〔註45〕

〔註44〕索緒爾認為語言是一種分類原則（A principle of classification）。
請參考《教程》：
p.9（A principle of Classification），
p.65（Part one：General Principles, Chapter Ⅰ），
p.111（Part two：Synchronic Linguistics, ChapterⅣ），
p.122（Part two：Synchronic Linguistics, ChapterⅤ），
p.131（Part two：Synchronic Linguistics, ChapterⅥ）。
我對「語言是一種分類原則」的理解是：
經由人類的感官，我們發現世界上形形色色的許多事物；然後，對於這個現象，為了不重覆、不混淆、區隔明顯、相互溝通的需要……等等目的，人類發展出一套符號系統。對於這個過程的觀察，我發現，從兩種文字系統（表意與表音）中，我們可以在表意系統裡，更清楚地觀察到這整個的過程。想想看漢字的基本條例，「六書」：象形、指事、會意、形聲、轉注、假借（許慎《說文解字敘》）。
這一套符號系統的公共部份，可以用詞典、文法書來作為一種社會性的基本規範；但在實際的應用中，這一套符號系統就只能是言說活動中的一部份而已；因為，人類所要表達、溝通的內容與意義，是遠遠超過一本單薄的分類命名集的。（見《教程》p.65）

〔註45〕請參考（PI3）。

（五）語言問題的結論

（1）關於意義的傳遞

所以，在追眞理的可能道路上，對意義的判定與獲得，必須透過完整的言說活動才可能被充份地傳遞，而後，被發現；也就是說，必須在各種不同情境、語句脈絡及目的的語言——遊戲中才可能被發現。

（2）關於意義與言說

整個的言說活動，是一套人類藉以負載、傳遞意義的工具組合。意義並不存在於言說活動的任何一個片段裡。現在，完整的過程是：

H1（即人），將心中的 M（即意義），透過 G（即一場語言——遊戲）傳遞給 H2；H2，透過 G，在心中喚起 M。

請注意以下兩點：

A. G 並非必然唯一的；H1 亦可透過不同的 G1、G2、G3……等語言——遊戲來傳遞 M。這就好像，若有一個人想要讓別人知道他肚子餓，他可以有很多方法來表達的。

B. 但是，在一般的傳遞過程中，其傳遞的有效完整性，會受到以下三個因素的直接影響；

a.「傳遞對象」（H）

b.「傳遞內容」（M）

c.「傳遞工具」（G）

說明如下：

傳遞對象的熟悉或陌生的程度，會影響傳遞的有效完整性（即一般所謂人與人之間的默契好壞對溝通的影響）；傳遞內容愈簡單者就愈有效、完整，反之，傳遞內容愈複雜、愈深刻者，其有效完整性也就相對地往下調低；傳遞工具之精準與否亦然。三者關係有如數學中，空間幾何裡的三個座標軸，而傳遞的有效完整性即猶如座標軸中的點。圖示如下：

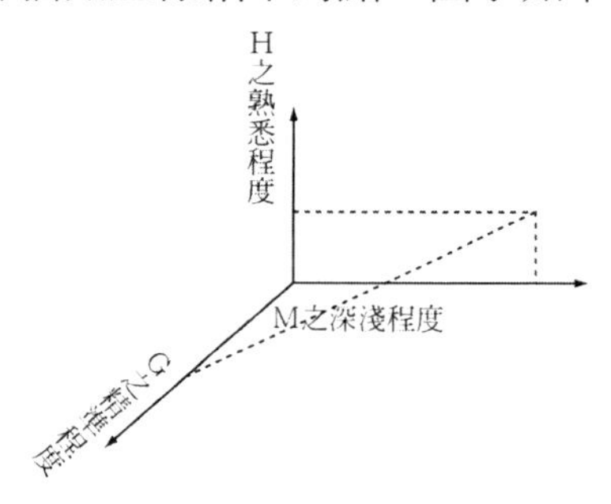

關於這點，我必須預先指出來，在西方哲學中，期望透過邏輯的推論形式來保證命題之眞假，並進而妄想建立一套所謂的「理想語言」，來取代有嚴重缺陷的（也是他們所謂的）日常語言的企圖，相較於以上我們所考慮到的，關於眞實的言說活動中，得以決定，僅僅是，傳遞之有效完整性的探討而言，實在是太過簡陋了。在第二章第二節中，我們會完整地對西方哲學中，關於邏輯與語言之關係的迷思，作一個徹底的說明。）〔待續十〕

〔問題九〕

G 和 M 的關係爲何？

什麼叫作：透過 G，傳遞心中的 M？

什麼叫作：透過 G，在心中喚起 M？

〔回答九〕

在我們所引的《楞伽經》經文中，有一個世尊所講的現成的例子：

> 復次大慧：善語義菩薩摩訶薩，觀語與義，非異非不異，觀義與語，亦復如是。若語異義者，則不因語辯義，而以語入義，如燈照色。（3.4）

由以上的引文，我們可以知道 G 和 M 的關係，是在我們一般所理解的「相同」或「不相同」之外的。譬如說，是一種「象徵」的關係，或一種「負載」的關係。我想，只要我們瞭解到言說只是意義的交通工具的話，那我們說「記號象徵意義」或「記號負載意義」都是很容易理解的。至於，「喚起」或「傳遞」的意思，我們可以用世尊的例子來理解。

世尊的例子是『以語入義，如燈照色』，色因燈燃而出現，燈滅色亦消失；但是，另一個、另一種燈再燃起，色依然出現。若再加上「言說生滅，義不生滅」來一起考慮的話，我們可以有如下的比喻：

「色」即「義」，就猶如完全漆黑的夜晚中的世界，不管有沒有光線來讓我們的眼睛察覺，它本已存在在那兒，不需要任何條件地；而「燈」即「語」或整個的「語言——遊戲」，是因人而有的；猶如在黑暗中，人可以用各種樣式的燈具，加上各種樣式的色片與燈泡、燈管，用各種方式的照明角度、時間長短、頻率來照明世界一般。

想想燈光在一場舞臺劇中所扮演的角色，就更清楚了。

〔一個提醒〕

請注意：

在本篇論文的所有內容當中，對「義」的瞭解與察覺，是一個無可比擬

的重要關鍵。它是我們對語言與眞理之所有探討的唯一核心。諸位會繼續在以下的論述中看到我對它的說明。〔待續十一〕

（六）禪宗與西方哲學

現在，經過了以上的說明之後，我想，諸位應該已經可以很清楚地了解到：語言的本質爲何；它與意義、言說之間的關係；以及，爲什麼我說，禪宗的「教外別傳，不立文字」是世尊的另一種更直接的教育方式的理由何在。

在這裡，我必須再一次提醒諸位的是：以上我們透過索緒爾和維根斯坦所得到的對言說現象的批評，雖然是承續著兩人的心得而有的進一步發展，而且這個進一步的發展，是一個足以用來反省、批判整個西方哲學的新基礎（我們會在下一章中繼續討論）；但是，這個對言說現象之批評的內容，卻早已涵蓋在佛教的智慧之中；特別在中土大乘佛學的禪宗一派，更是將之發揮得淋漓盡至。

因此，對禪宗而言，這一章的內容，不過是給予禪宗已有的智慧一個現代的說明而已。當然，透過西方哲學的概念分析上所提供的強大力量，也可以反過頭來，給予佛教智慧一個新的面貌。

第二章　眞理的本質

前　言

這一章的目的在於，延續著前一章我們對言說現象討論的成果來繼續探討：什麼是眞理的本質？

進行的次序將是：

在第一節中，我先提供一個禪宗對於眞理的明確意見；其次，針對西方傳統哲學中的「眞理」與「眞理論」觀念，作一個本質性的反省；其次，說明維根斯坦經由語言對西方哲學之批判的重點與效力。

在第二節中，我嘗試著透過對休姆之知識論的瞭解與批判，來建立一個更進一步的，足以涵蓋東、西哲學之核心基礎的知識論；並對諸種知識的本質作一個恰當的安排與說明，並指出哲學家對數學與邏輯知識的不當迷思。

在第三節中，我將奠基於此一新的知識論之上，來說明兩種不同的眞理形態：「符應形態」與「根據形態」的眞理；並特別說明「根據形態」之眞理的兩層裁斷途徑：「瞭解」與「實踐」；最後，我們將對「眞理」之本質作一個最後結論。

在第四節中，我將結合前文中所有我們對語言與眞理的討論成果，來引導讀者對禪宗的智慧作實際的理解。

第一節　禪宗對眞理的意見與西方哲學中的眞理概念

在這一節中，我們將對「眞理」之概念提供一個深層的反省，我們將由三個小節來進行：

第一小節

我將提供一個禪宗對眞理的明確意見，由於它的內容迥異於西方傳統哲學中的眞理概念，因此，它的目的在於，造成一個錯愕的印象，因而動搖原有的僵化觀念，繼而產生新的質疑。

第二小節

我將正面地批判西方哲學中的眞理論，並藉以深化我們對眞理概念的反省；它的目的在於，促使我們誠實地正視西方哲學中，我們早已習以爲常的誤謬。

第三小節

我將直接地來反省在前一章第四節中，我們所遺留下來的問題八，即維根斯坦對西方哲學的批判內容；它的目的則在於，帶領我們到達一個反省的巔峰；只有跨過了它，我們才能眞確地瞭解到，由前一章的所有內容中，我們已經從索緒爾和維根斯坦之處獲得了如何強大的反省力量，及其所導致的一個全新的理解基礎。

一

教外別傳，不立文字，直指人心，見性成佛。

在前一章中，我們藉著索緒爾和維根斯坦的幫助，說明了此禪宗宗旨的前兩句「教外別傳，不立文字」的具體內容與部份的原因，並指出，禪宗此一對語言之主張的根據，乃源於世尊有別於九部種種教法之外的另一種教育方式；這種新的教育方式，在傳達眞理的過程中，摒除了一般人使用語言的消極態度〔甲→心意→可墮於文字的語言→意義→乙〕，一轉而爲一種積極的態度〔甲→心意→言說→意義→乙〕，甚至〔甲→乙〕。

接下去，我們將繼續來看禪宗宗旨的後兩句「直指人心，見性成佛」的意義爲何。

「直指人心」可和前句「不立文字」合併一起理解。我對「不立文字，直指人心，見性成佛」的理解是：

> 「不立文字，直指人心」說明了禪宗的教育方法；
> 「見性成佛」則描述了禪宗教育完成之後的光景。

以下，我們將主要以《金剛經》和《六祖壇經》〔註1〕來作爲本節的主要引文，並繼續來補充，使世尊的這種新的教育方式成爲可能的根本原因。

《六祖壇經》〈自序品第一〉：

> 大師告眾曰：「善知識，菩提自性，本來清靜；但用此心，直了成佛。善知識，且聽惠能行由得法事意。」
>
> 惠能嚴父，本貫范陽，左降流於嶺南，作新州百姓。此身不幸，父又早亡，老母孤遺，移來南海，艱辛貧乏，於市賣柴。時有一客買柴，使命送至客店。客收去，惠能得錢，卻出門外，見一客誦經；惠能一聞經語，心即開悟，遂問客誦何經？客曰：「金剛經」。復問從何所來，持此經典？客云：「我從鄭州黃梅縣東禪寺來，其寺是五祖忍大師在彼主化，門人一千有餘。我到彼中禮拜，聽受此經。大師常勸僧俗，但持《金剛經》，即自見性，直了成佛。」惠能聞說，宿昔有緣，乃蒙一客，取銀十兩與惠能，令充老母衣糧，教便往黃梅參禮五祖。惠能安置母畢，即便辭違；不經三十餘日，便至黃梅，禮拜五祖。

以上這段引文是六祖自述其身世，及初聞《金剛經》，往參五組的經歷。

我們必須注意到的是其中的兩小段文字，

- 第一段是六祖所說：

  大師告眾曰：善知識，菩提自性，本來清靜；但用此心，直了成佛。

- 第二段是五祖所說：

  大師常勸僧侶，但持《金剛經》，即自見性，直了成佛。

- 然後，我們再合併著禪宗宗旨及我對它的理解一起來考慮：

  教外別傳，不立文字，直指人心，見性成佛。

「教外別傳」說明禪宗是一種新的教育方式；

「不立文字，直指人心」說明了禪宗的教育方法；

「見性成佛」則描述了禪宗教育完成之後的光景。

由以上，我們可以得到以下想法：

見性，則可成佛；而見性的方法，即在於「但用此心」和「直指人心」；而所謂的「但用此心」和「直指人心」則可以在《金剛經》之中見到；也就是說，

〔註1〕《六祖大師法寶壇經》，大正藏，冊四八，頁345，下欄。

禪宗的教育方法，就在於「但用此心」和「直指人心」此兩句話所欲表達者；而其具體的理論根據就在《金剛經》之中。

因此，禪宗之教育方法的理論根據，也就說明了禪宗的眞理。

註：我所謂的禪宗教育，在佛教的智慧之中，指的就是「傳道」；傳道，即爲將眞理傳續下去，不使斷絕；亦即慧命相續之義。因此，禪宗的教育方法，就指出了眞理的所在。

以下，我將由《金剛經》中引出原文，以指出禪宗對眞理的意見爲何。

《金剛經》〈善現啓請分第二〉：

> 時長老須菩提，……白佛言：「……世尊！善男子、善女人，發阿耨多羅三藐三菩提心，云何應住？云何降伏其心？」佛言：「……汝今諦聽，當爲汝說。善男子，善女人，發阿耨多羅三藐三菩提心，應如是住，如是降伏其心。……」

（註：此段指出世尊在《金剛經》中說法的兩個重點：

「應如是住」、

「應如是降伏其心」

此兩點亦爲禪宗之教育方法的兩個部份。以下我們對禪宗眞理的探討，即可通過對這兩個部份的理解而獲致。）

以下引文將大略分爲三個部份，然後再於所有引文之後，分爲五點說明。圖示如下：

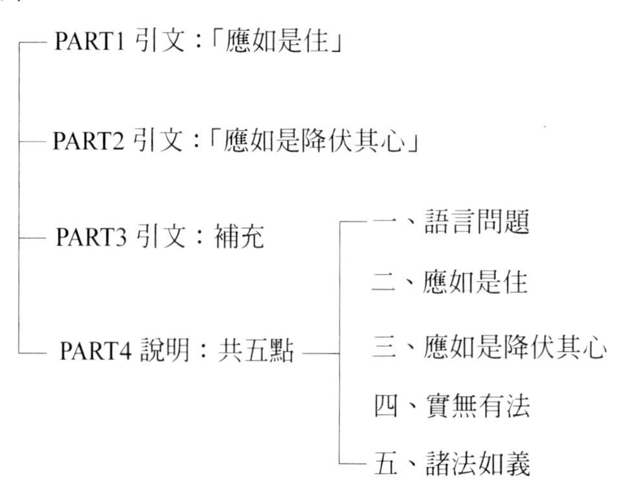

【PART1 引文】

《金剛經》〈妙行無住分第四〉：

復次，須菩提！菩薩於法，應無所住、行於布施。所謂不住色布施，不住聲香味觸法布施。須菩提！菩薩應如是布施，不住於相。……須菩提！菩薩但應如所教住。

《金剛經》〈莊嚴淨土分第十〉：

佛告須菩提：「於意云何？如來昔在然燈佛所，於法有所得不？」「不也，世尊！如來於然燈佛所，於法實無所得。」「須菩提！於意云何？菩薩莊嚴佛土不？」「不也。世尊！」「何以故？」「莊嚴佛土者，即非莊嚴，是名莊嚴。」「是故須菩提！諸菩薩摩訶薩，應如是生清靜心，不應住色生心，不應住聲香味觸法生心；應無所住，而生其心。」「須菩提！譬如有人，身如須彌山王，於意云何，是身爲大不？」須菩提言：「甚大，世尊！」「何以故？」「佛說非身，是名大身。」

《金剛經》〈離相寂滅分第十四〉：

……是故須菩提！菩薩應離一切相，發阿耨多羅三藐三菩提心；不應住色生心，不應住聲香味觸法生心；應生無所住心；是故佛說菩薩心，不應住色布施。須菩提！菩薩爲利益一切眾生，應如是布施。如來說一切諸相，即是非相；又說一切眾生，即非眾生。須菩提！如來是眞語者、實語者、不誑語者、不異語者。須菩提！如來所得法，此法無實無虛。須菩提！若菩薩心住於法而行布施，如人入闇，則無所見。若菩薩心不住法而行布施，如人有目，日光明照，見種種色。……

【PART2 引文】

《金剛經》〈大乘正宗分第三〉：

佛告須菩提：「諸菩薩摩訶薩，應如是降伏其心。所有一切眾生之類，若卵生、若胎生、若濕生、若化生；若有色、若無色；若有想、若無想、若非有想非無想，我皆令入無餘涅槃，而滅度之；如是滅度無量無數無邊眾生，實無眾生得滅度者。何以故？須菩提！若菩薩有我相人相眾生相壽者相，即非菩薩。」

《金剛經》〈如理實見分第五〉：

……佛告須菩提：「凡所有相，皆是虛妄。若見諸相非相，則見如來。」

《金剛經》〈無得無說分第七〉：

「須菩提！於意云何？如來得阿耨多羅三藐三菩提耶？如來有所說

法耶？」須菩提言：「如我解佛所說義，無有定法，名阿耨多羅三藐三菩提。亦無有定法，如來可說。何以故？如來所說法，皆不可取、不可說，非法、非非法。所以者何？一切賢聖，皆以無爲法而有差別。」

《金剛經》〈離相寂滅分第十四〉：

「……世尊！是實相者，即是非相，是故如來說名實相。世尊！我今得聞如是經典，信解受持，不足爲難。若當來世，後五百歲，其有眾生，得聞是經，信解受持，是人即爲第一希有。何以故？此人無我相、無人相、無眾生相、無壽者相。所以者何？我相即是非相，人相、眾生相、壽者相，即是非相。何以故？離一切諸相，即名諸佛。」佛告須菩提：「如是！如是！」……

《金剛經》〈究竟無我分第十七〉：

爾時須菩提白佛言：「世尊！善男子、善女人，發阿耨多羅三藐三菩提心，云何應住？云何降伏其心？」佛告須菩提：「善男子、善女人，發阿耨多羅三藐三菩提心者，當生如是心：我應滅度一切眾生，滅度一切眾生已，而無有一眾生實滅度者。何以故？須菩提！若菩薩有我相、人相、眾生相、壽者相，則非菩薩。所以者何？須菩提！實無有法發阿耨多羅三藐三菩提心者。須菩提！於意云何，如來於然燈佛所，有法得阿耨多羅三藐三菩提不？」「不也。世尊！如我解佛所說義，佛於然燈佛所，無有法得阿耨多羅三藐三菩提。」佛言：「如是！如是！須菩提！實無有法如來得阿耨多羅三藐三菩提。須菩提！若有法如來得阿耨多羅三藐三菩提者，然燈佛則不與我授記：『汝於來世，當得作佛，號釋迦牟尼。』以實無有法得阿耨多羅三藐三菩提，是故然燈佛與我授記，作是言：『汝於來世，當得作佛，號釋迦牟尼。』何以故？如來者，即諸法如義。若有人言：『如來得阿耨多羅三藐三菩提。』須菩提！實無有法佛得阿耨多羅三藐三菩提。須菩提！如來所得阿耨多羅三藐三菩提，於是中無實無虛。是故如來說一切法皆是佛法。須菩提！所言一切法者，即非一切法，是故名一切法。須菩提！譬如人身長大。」須菩提言：「世尊！如來說人身長大，則爲非大身，是名大身。」「須菩提！菩薩亦如是。若作是言：『我當滅度無量眾生。』則不名菩薩。何以故？須菩提！實無有法，名爲菩薩。是故佛說一切法，無我、無人、無眾生、無壽者。須菩提！若菩薩作是言：『我當莊嚴佛土。』是不名菩薩。何以故？如來說莊嚴佛土者，即非莊嚴，是名莊嚴。須菩提！若菩薩通達無我法者，如來說名眞是菩薩。」

《金剛經》〈無法可得分第二十二〉：

須菩提白佛言：「世尊！佛得阿耨多羅三藐三菩提，爲無所得耶？」佛言：「如是！如是！須菩提！我於阿耨多羅三藐三菩提，乃至無有少法可得，是名阿耨多羅三藐三菩提。」

《金剛經》〈淨心行善分第二十三〉：

復次，須菩提！是法平等，無有高下，是名阿耨多羅三藐三菩提。以無我、無人、無眾生、無壽者，修一切善法，則得阿耨多羅三藐三菩提。須菩提！所言善法者，如來說即非善法，是名善法。

【PART3 引文】

《金剛經》〈依法出生分第八〉：

……須菩提！一切諸佛，及諸佛阿耨多羅三藐三菩提法，皆從此經出。須菩提！所謂佛法者即非佛法。

《金剛經》〈持經功德分第十五〉：

……是經有不可思議、不可稱量、無邊功德。如來爲發大乘者說，爲發最上乘者說。……

《金剛經》〈一體同觀分第十八〉：

……佛告須菩提：「爾所國土中，所有眾生，若干種心，如來悉知。何以故？如來說諸心，皆爲非心，是名爲心。所以者何？須菩提！過去心不可得，現在心不可得，未來心不可得。」

《金剛經》〈非說所說第二十一〉：

須菩提！汝勿謂如來作是念：「我當有所說法。」莫作是念。何以故？若人言如來有所說法，即爲謗佛，不能解我所說故。須菩提！說法者，無法可說，是名說法。……

《金剛經》〈威儀寂靜分第二十九〉：

須菩提！若有人言：「如來，若來若去，若坐若臥。」是人不解我所說義。何以故？如來者，無所從來，亦無所去，故名如來。

《金剛經》〈一合理相分第三十〉：

「……世尊！如來所說三千大千世界，即非世界，是名世界。何以故？若世界實有者，則是一合相。如來說一合相，即非一合相，是名一合相。」「須菩提！一合相者，則是不可說，但凡夫之人貪著其事。」

《金剛經》〈知見不生分第三十一〉：

……須菩提！發阿耨多羅三藐三菩提心者，於一切法，應如是知、如是見、如是信解，不生法相。須菩提！所言法相者，如來說即非法相，是名法相。

《金剛經》〈應化非眞分第三十二〉：

……云何爲人演說？不取於相，如如不動。何以故？一切有爲法如夢幻泡影如露亦如電應作如是觀

【PART4 說明】

首先，禪宗之教育方法的理論根據，即在於對「心」的理解。所以，我們可以很清楚地見到，在《金剛經》中，世尊所欲宣說的兩個重點，都和「心」有直接的關係：

「應如是住」（應無所住，而生其心）

「應如是降伏其心」

以下，將分成五點來說明：

〔一、語言問題〕——「指月句法」

在整部《金剛經》中，極易使人困惑的是一個特殊的句法：

「如來（佛）所言X者，即非X，是名X」

（首句）（中句）（尾句）

例如：

「所言一切法者，即非一切法，是故名一切法」

「莊嚴佛土者，即非莊嚴，是名莊嚴」

「是實相者，即是非相，是故如來說名實相」

「所言善法者，如來說即非善法，是名善法」

其它，或有省略首句者，或有省略尾句者。其義皆同。我名之爲「指月句法」，其典故爲：

《圓覺經》：

修多羅教，如標月指，若復見月，了知所標，畢竟非月，一切如來

種種言說，開示菩薩，亦復如是。

首句，所言「月」者（即標月之「指」）；

中句，不是「月」一詞的字面意思，而是所標之月；

尾句，所以才稱呼它爲「月」。

例如：

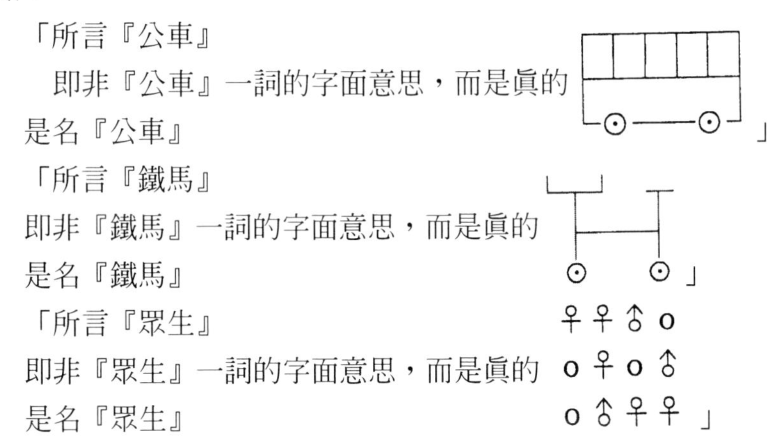

「所言『公車』
即非『公車』一詞的字面意思，而是眞的
是名『公車』」

「所言『鐵馬』
即非『鐵馬』一詞的字面意思，而是眞的
是名『鐵馬』」

「所言『眾生』
即非『眾生』一詞的字面意思，而是眞的
是名『眾生』」

《金剛經》中的所有「指月句法」，都可以依此說來理解。倘若讀者聯想到上一章我們所討論過的禪宗的語言主張的話，就可以了解到這種句法的功用，就在於避免聽者攀緣著語言、文字來對它的指涉發生妄想。

並且，這種句法是禪宗的教育方法中，極爲強而有力的手段之一；它並未故弄玄虛，的的確確地說了明白話，

如來是眞語者、實語者、不誑語者、不異語者

但它在表面上卻能夠造成讀者極大的困惑，從而促使讀者竭盡心力，來自我反省。

然而，絕大多數迷信西方哲學教育的人，都可能簡單地就把這些句子視爲矛盾句，因爲從邏輯的觀點來看，事物 A 不可以同時既是 A 又不是 A（a thing A cannot be both A and not A）。

注意：指月句法尚有更深一層的意含，其關鍵即在於，所謂眞的

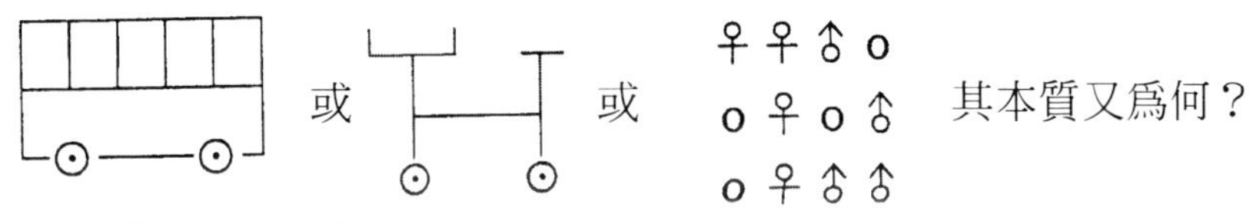

或　或　其本質又爲何？

《壇經》〈般若品第二〉：

善知識，不悟，即佛是眾生；一念悟時，眾生是佛。

《壇經》〈付囑品第十〉：

汝等自心是佛，更莫狐疑。外無一物而能建立，皆是本心生萬種法。故經云：心生種種法生，心滅種種法滅。

關於這點，我們必須等到下一節的結論才能說明了。〔待續十二〕

〔二、應如是住〕

關於這一點，目前我們所能得到的，只是一個勸告：不應住色生心，不應住聲香味觸法生心；應無所住，而生其心。

而這個勸告的理由，我們可引《壇經》來爲之註解。

《壇經》付囑品第十：

……無住者，人之本性。於世間善惡好醜，乃至冤之與親，言語觸刺欺爭之時，並將爲空，不思酬害，念念之中，不思前境；若前念今念後念，念念相續不斷，名爲繫縛；於諸法上，念念不住，即無縛也，此是以無住爲本。

但是，進一步的解釋，也必須等到下一節的結論才能說明了。〔待續十三〕

〔三、應如是降伏其心〕——通達無我法；
無我、人、眾生、壽者相

前一個說明，要我們斷念念相續，應無所住，而生其心。在這裡，世尊則教我們一個降伏我們的心的方法，那就是，要我們這些發阿耨多羅三藐三菩提心的人，當生如是心：

我應滅度一切眾生，滅度一切眾生已，而無有一眾生實滅度者。(〈究竟無我分第十七〉)

爲什麼我們要如此想：

我應當滅度一切 X，完成了之後，卻事實上沒有滅度任何一個 X？

一個可能的答案是：對象的誤置。

例如：

我當養大一切的醜小鴉，等到我養大了一切的醜小鴉之後，我才發現，事實上，卻沒有一隻醜小鴉被我養大，因爲，我養大的是一隻隻的天鵝。

更有甚者，上文的這個「我」，不僅將它所面對的對象誤置了，連它自己也誤以爲自己是一隻醜小鴉。

這又變成是一個主、客的雙重誤置。

它照著自己的形象（它所誤認的醜小鴉），照著自己所自以爲的一切優劣，來拯救一切的醜小鴉。而最後才終於發現，它事實上所眞正拯救的，就是它自己；因爲根本沒有所謂的「醜小鴉」；也沒有所謂「好的醜小鴉」、「壞的醜小鴉」；有的只是它自己心中也都有的一切差別（可理解爲生物學上，生物體中的眾多基因，差別是來自於基因的顯性或隱性的呈現，而非實有不同）。

以上是一個極近肖似的童話譬喻。再一次，讓我們回顧以下兩段引文。

……佛告須菩提：「凡所有相，皆是虛妄。若見諸相非相，則見如來。」（〈如理實見分第五〉）

《壇經》〈付囑品第十〉：

汝等自心是佛，更莫狐疑。外無一物而能建立，皆是本心生萬種法。故經云：心生種種法生，心滅種種法滅。

進一步的解釋，必須等到下一節的結論。〔待續十四〕

〔四、實無有法〕

對於上一點，世尊的進一步的解釋是：

實無有法，名爲菩薩。是故佛說一切法，無我、無人、無眾生、無壽者。（〈究竟無我分第十七〉）

而且，我們已經知道了以下這句經文的眞正意思：「所言一切法者，即非一切法，是故名一切法」。

現在，讓我們再回顧一下前一章中，我們對「法」的認識：

「法」，指的是一切言說中，諸語言名相所指涉的事事物物。這些被人類的言說所指涉的事事物物，並不是一個可聽見的聲音或一個可看見的符號，而是在言說、文字之外的。

所以，綜合以上資料，世尊的意思應該是：

實無有這些諸語言名相所指涉的事事物物。而且這些所謂的「一切法」，都是沒有差別的。

世尊更進一步的解釋是：

「須菩提！於意云何，如來於然燈佛所，有法得阿耨多羅三藐三菩提不？」〔註 2〕「不也。世尊！如我解佛所說義，佛於然燈佛所，

〔註 2〕阿耨多羅三藐三菩提，即佛智。華譯爲無上正等正覺，即是眞正平等覺知一切眞理之無上智慧。以上解釋引自《佛學常見詞彙》，陳義孝居士編，靈山講堂，臺北，1984，p.206。

無有法得阿耨多羅三藐三菩提。」佛言：「如是！如是！須菩提！實無有法如來得阿耨多羅三藐三菩提。須菩提！若有法如來得阿耨多羅三藐三菩提者，然燈佛則不與我授記：『汝於來世，當得作佛，號釋迦牟尼。』以實無有法得阿耨多羅三藐三菩提，是故然燈佛與我授記，作是言：『汝於來世，當得作佛，號釋迦牟尼。』」（〈究竟無我分第十七〉）

「須菩提！於意云何？如來得阿耨多羅三藐三菩提耶？如來有所說法耶？」須菩提言：「如我解佛所說義，無有定法，名阿耨多羅三藐三菩提。亦無有定法，如來可說。何以故？如來所說法，皆不可取、不可說，非法、非非法。所以者何？一切賢聖，皆以無爲法而有差別。」（無得無說分第七）

由以上兩段引文，再加上我們由上一章對語言問題之探討的了解，我們可以得到如下心得：

世尊得然燈佛授記爲佛，並非在於世尊得了到某一種特定的法門，並依以成就佛智；而是世尊了悟到一切法相皆爲虛妄，實無有一切因緣和合而生之諸有爲法；所以，世尊如應說法，並宣稱自己四十九年中，未曾說一字。因爲世尊的目的在於指點出：實無有法；故如來所說法，皆不可取、不可說，非法、非非法。

因爲眞理的唯一基礎，在於無因緣造作、不生不滅的無爲法。

注意：所言無爲法者，即非無爲法，是名無爲法。

又，進一步的解釋，必須等到下一節的結論。〔待續十五〕

〔五、諸法如義〕

最後，在世尊連著說三個提問句「何以故？」、「所以者何？」、「何以故？」（〈究竟無我分第十七〉）之後，層層解答的最後一個是：

如來者，即諸法如義。

我們應當如何來理解這句話呢？

比較一下〈威儀寂靜分第二十九〉中的這一句：

須菩提！若有人言：「如來，若來若去，若坐若臥。」是人不解我所說義。何以故？如來者，無所從來，亦無所去，故名如來。

讓我們再回顧前一章第四節裡，我對《楞伽經》中「義」字的理解。

「義」指的的確是意義；也就是維根斯坦所說的某種心靈狀態（state of mind），意義在其未獲得表式之前的存在狀態。

而關於「言說生滅，義不生滅」，對於這句話，我們可以理解爲：「言說」可能因爲沒有留下任何記錄，而方生方死，說了等於沒說；但「義」則恰好相反，不管有沒有被表達過，它總是永恆存在的。這解釋有一點兒神奇，但我相信仍是合理、可以瞭解的。

請注意：在本篇論文的所有內容當中，對「義」的瞭解與察覺，是一個無可比擬的重要關鍵。它是我們對語言與眞理之所有探討的唯一核心。
然後，我們再來看兩段《壇經》上的引文：

《壇經》〈般若品第二〉：

善知識，自性能含萬法是大，萬法在諸人性中。

《壇經》〈決疑品第三〉：

大眾，世人自身是城，眼耳鼻舌是門；外有五門，內有意門。心是地，性是王，王居心地之上；性在王在，性去王無；性在身心存，性去身心壞，佛向性中作，莫向身外求。自性迷，即是眾生；自性覺，即是佛。

最後，我所得到的禪宗眞理是：

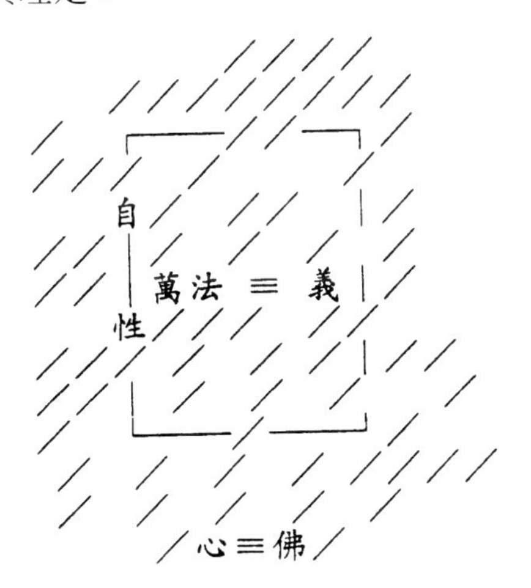

如上圖，禪宗已經完全不去理會那九部種種教法之中，表面上既繁複又深奧的種種往來論說，禪宗只掌握了最根本的那個源頭：

一切的本質（the nature of the whole）——眞如自性

《壇經》〈般若品第二〉：

善知識，菩提般若之智，世人本自有之，只緣心迷，不能自悟，須假大善知識，示導見性。當知愚人、智人，佛性本無差別，只緣迷悟不同，所以有愚有智。……善知識，一切修多羅及諸文字、大小二乘、十二部經，皆因人置。因智慧性，方能建立。若無世人，一切世人本自不有，故知萬法本自人興；一切經書，因人說有。緣其人中，有愚有智；愚爲小人，智爲大人；愚者問於智人，智者與愚人說法；愚人忽然悟解心開，即與智人無別。善知識，不悟，即佛是眾生；一念悟時，眾生是佛。故知萬法盡在自心，何不從自心中頓見眞如本性？《菩薩戒經》云：「我本元自性清淨，若識自心見性，皆成佛道。」《淨名經》云：「即時豁然，還得本心。」

《壇經》〈決疑品第三〉：

人有兩種，法無兩般。迷悟有殊，見有遲疾。迷人念佛求生於彼，悟人自淨其心；所以佛言：「隨其心淨即佛土淨」。

《壇經》〈定慧品第四〉：

善知識，本來正教，無有頓漸，人性自有利鈍；迷人漸修，悟人頓契。自識本心，自見本性，即無差別，所以立頓漸之假名。……故此法門，立無念爲宗。善知識，無者無何事？念者念何物？無者，無二相，無諸塵勞之心；念者，念眞如本性。眞如即是念之體，念即是眞如之用。眞如自性起念，非眼耳鼻舌能念。眞如有性，所以起念。眞如若無，眼耳色身當時即壞。善知識，眞如自性起念；六根雖有見聞覺知，不染萬境，而眞性常自在。故經云：「能善分別諸法相，於第一義不動。」

又，進一步的解釋，必須等到下一節的結論。〔待續十六〕

請注意以下兩點：

（1）「菩提般若之智，世人本自有之」

這是一個可以對接受西方哲學教育者造成巨大衝擊的一個不可思議的洞識。這是一個在西方被視爲神秘主義者或宗教狂熱者才會有的夢囈。〔註3〕

〔註 3〕我相信，這也是柏拉圖之所以會因爲他的「回憶說」，而被視爲神秘主義者的最大原因。而且，「神秘主義」一詞，在西方學院哲學中，也絕非一個褒詞。

西方的文明，總是全力向前邁進。一般而言，似乎普遍被暗示的是，西方的文明認爲眞理存在於未來的某個燦爛的時刻；然而，整個東方的所有的智慧，卻一致相信：眞理，早已出現，人們必須努力回溯、修養，才能回歸。我認爲，若要說東西文明在面相上的最根本差異，就在於此。圖示如下：

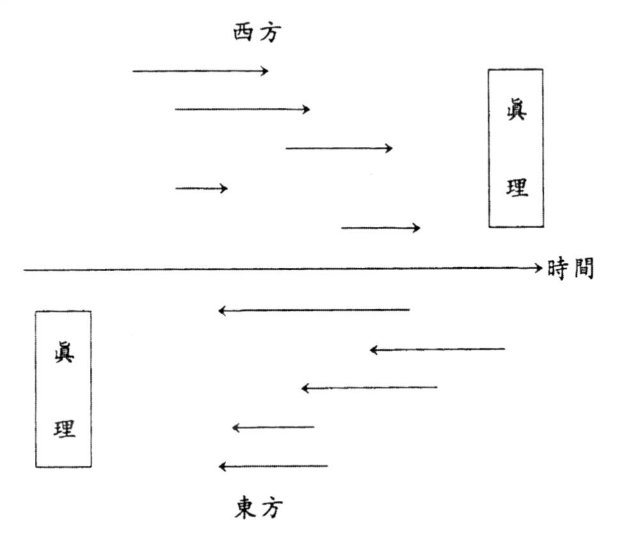

（我們會在第三節中對此加以申論）〔待續十七〕

（2）以上所說者，僅爲佛教智慧的一種平面描述而已。東方的智慧，除了瞭解其基本大義之外，更爲重要的是——實踐的深化；

《壇經》〈般若品第二〉：

> 善知識，「摩訶般若波羅蜜」是梵語，此言大智慧到彼岸。此須心行，不在口念。口念心不行，如幻如化，如露如電。口念心行，則心口相應，本性是佛，離性無別佛。

這是目前我們所能得到的結論。進一步的解釋，必須等到下一節的結論。〔待續十八〕

二

爲了給上一小節中的禪宗眞理一個現代概念的理解進路，在這一小節中，我們將面對西方哲學中的眞理論。我的打算是：讓我們先從最高的位置

所以，柏拉圖受到東方智慧之影響的諸種說法，通常只被視爲一種文學譬喻。

上，來鳥瞰西方哲學中，對所謂之眞理的一般觀念，從而迫近隱藏在這些眞理論背後的根本意見。

以下關於眞理和幾種眞理論的列舉與大意介紹，我所參考的是 *Dictionary of Philosophy*, by Peter A. Angeles, Harper & Row, New York, 1981, pp.297～298。下面，先對西方哲學中的「眞理」（Truth）觀念作一個簡單的說明，再分別介紹四種眞理論，最後，再提供我的四點反省。圖示如下：

- 眞理觀念簡介
- 四種眞理論
- 反省一：四種眞理論的實際釋例
- 反省二：眞理與眞理論觀念的區別，及四種眞理論之共通的基本性格之決定
- 反省三：對眞理論的質疑
- 反省四：進一步的說明

【真理觀念簡介】

眞理是：爲了要證實一個陳述（命題、觀念、思想、信仰、意見）的眞實性，而根據著某些基礎或檢驗而有的「是眞的」或「是正確的」的性質。（The quality of being true or correct according to some ground or test for establishing the reality of a statement（proposition, idea, thought, belief, opinion）.）

（註：這只是一種主流的說法，以下眞理論的履行說和實用說皆不認爲眞理是一種性質。）

以下就是能夠證成眞理的一些基礎或是檢驗：

近似（approximation）、一致（conformity）、與事實的對應（correspondencet of acts）、觀念之間的融貫（the coherence among ideas）、觀念的實用有效性（the pragmatic usefulness of ideas）、經驗、信仰、權威、自明（self-evidency）、直覺、啓示、傳統等。

「眞理」假定，凡它所適用者皆確切地描繪出事實或實在（fact or reality），而且要求以上這所有的方法或方法之混合的證明。Angeles 接著又提醒：並非所有類型的語句都可以用眞、假來標示。例如：提議句、決定句、允諾句、

建議句、命令句等。

【四種真理論】

（一）融貫說（coherence theory of truth）

代表人物有 Leibniz, Spinoza, Hegel, Bradley,（來布尼茲，斯賓諾莎，黑格爾）他們大多以「數學」作爲眞理的模型。他們認爲：一個語句（命題，觀念，想法，信念，意見）之是否可被判斷爲眞，端視其是否能被邏輯地、一致地、系統地置入一個知識的融貫體之中，而此種知識之融貫體中的每一個份子都可以和其他的份子互相遞衍（entail）。

（二）對應說（correspondence theory of truth）

對應說主張：一個語句（命題，觀念，想法，信念，意見）之是否可被判斷爲眞，端視其是否能夠涉及（referto）或對應存在；而它所眞正對應者，就被稱作「事實（fact）」；而發現此種對應或一致的過程，被稱爲證實（verification）或確認（confirmation）。例如「書在桌上」，假如書眞的被看到在桌上，則該語句爲眞。

（三）履行說（performative theory of truth）

履行說主張：我們稱呼某事物爲「眞」，僅僅只是對所說出的，履行了一個退讓（concession）（贊成（assent），承認（acceptance），同意（agreement））的行爲。眞理並不是任何事物的屬性，而是一種言說行爲（speech act）（履行的行爲），它和事態（state of affairs）的眞、假無關。

（四）實用說（pragmatic theory of truth）

實用說爲 William James 所始創。實用說主張：一個語句（命題，觀念，想法，信念，意見）之是否可被判斷爲眞，端視其是否發生作用（it works），或是否有實用的效果，諸如控制、預測，或它是否能在科學或日常生活中，刺激出創造性的質疑或對難題的解決，或使我們感到快樂。

以上就是 Angeles 的《哲學詞典》中，關於眞理與眞理論的內容介紹。以下接著的，就是我對 Angeles 所謂的眞理與眞理論的三點反省。

【反省一：四種真理論的實際釋例】

以下我們將分別舉出四種眞理論的一個實例：

融貫說：

例如，英國數學家棣美弗（A. DeMoivre, 1667～1754）所發現的複數三角式：

$$(\cos\theta+\tau\sin\theta)^{\eta}=(\cos\eta\,\theta+\tau\sin\eta\,\theta)$$

其中 $\sin\theta$ 、 $\cos\theta$ 是三角學中的函數， θ 是角度。

特別要注意的是：τ 是一個虛幻的單位。它是數學家爲了要提供二次方程式一個完全的理論，而實數場卻無法提供任何一個實數來滿足以下這個簡單的方程式： $X^2=-1$ ，所以數學家就虛構出一個符號 τ，並設定

$\tau=-1$

現在，數學家又要求，τ 被視同爲一個實數，並擁有一切實數相同的運算規則，例如加法與乘法的交換律、結合律與分配律。於是一個新的定義被進一步的設定出來：

「複數」（complexnumber）的形式如下：

"$a+b\tau$" (a、b 是任意兩個實數)

一個複數具有兩個部份，實數部份 a 及虛數（imaginary number）部份 b 。
於是，實數場擴大了；而且所有的二次方程式也都有解了。

後來的衛塞爾（Wessel, 1745～1818）、阿爾岡（Argand, 1768～1882）及高斯（Gauss, 1777～1855）等人，又幾乎在同時間裡，爲複數的運算提供了簡單的幾何上的解釋，因而使得後來，複數在數學和物理學的應用上變得極爲重要。〔註 4〕

就融貫說而言，以上所有的符號、公式，倘若都能被邏輯地（指按照一定規則地）、一致地、系統地置入一個知識的融貫體之中，而且此種知識整體中的每一個份子都可以和其他的份子互相遞衍（即相互透過演算而存有關係）的話，那它就可以符合「融貫說」眞理論的要求。（此處的釋例，我們在以下的第二節第三個小節中，將以之爲「數學知識之安排」的一個範例。）

對應說：

例如：「地球是圓的」此語句的確對應於由人造衛星上對地球的觀察，所以它對「對應說」眞理論的要求而言，就是一個眞理。

履行說：

例如，甲說：「『地球是圓的』是眞的。」就僅僅表示，甲在態度上承認

〔註 4〕 請參考 R. Courant & Herbert Robbins：*What is Mathematics*？《數學導論》，吳定遠譯，水牛，臺北，1992，二版，pp.95～104。

「地球是圓的」此一語句爲眞，而且不想再有進一步的爭論，如此而已。所以對「履行說」眞理論而言，所謂的眞，只是語言表達中的表態而已。

實用說：

例如，甲說：「『地球是圓的』是眞的。」就表示甲認爲「地球是圓的」這一語句，在環球航行上，確實有助於航向上的掌控；只要方向不變，就可以回到原點，而環繞地球一周。所以對“實用說”眞理論而言，眞理就是能夠產生效用的語句。

【反省二：真理與真理論觀念的區別，及四種真理論之共通的基本性格之決定】

基本上來說，眞理與眞理論的觀念都來自判斷，而這個判斷又築基在一個本體——屬性（substance-quality）的原則性架構之下。其模式如下：

語句甲：“A is B”　is　ture．

X（語句乙）　Y

例如：「地球是圓的」　是　眞的。

在此模式中，Y被視爲是X的一種可能的屬性（即「眞」是「地球是圓的」此一語句的一種可能的屬性）。所以，假如，「語句甲」被判斷爲眞（即X是Y）的話，則Y（眞）就被視爲是X（語句乙）的一種屬性。

（1）眞理的觀念

所以，眞理的觀念，就是對「地球是圓的」此一語句所下的判斷，即對「語句乙」的判斷。例如某人斷定：

「『語句乙』是眞的」

則這句話的意思是：他斷定在「語句乙」中，A的確就是B。於是，他就把「眞理」賦與「語句乙」；也就是說：

他會說：「地球是圓的」是一個眞理。

（2）眞理論的觀念

而眞理論的觀念，就是對「『地球是圓的』是一個眞理」此一語句的再判斷，即對「語句甲」的判斷。例如，對一個持對應論觀念的人而言，假若他判斷：

「『語句甲』是眞的」

則這句話的意思是：他斷定在「語句甲」中的A和B，其二者在眞實世界中的關係，的確是相對應的。

（3）四點結論

於是，我得到以下四點結論：

（A）「眞理論」就是對所謂之「眞理」的檢證。

（B）「眞理」，判定事物之間的應否聯繫；「眞理論」，判定此種聯繫之結果是否合法。

而四種眞理論之判定合法與否的標準分別爲：

融貫說的標準是融貫性 coherence

對應說的標準是對應性 correspondence

履行說的標準是履行性 peformance

實用說的標準是實用性 pragmatic

（C）所以這四種眞理論都有一個相同的基本性格，那就是：

符應於標準的語句，才是眞理。

（D）因此，我將把這四種眞理論，涵括在一個更基本的詞之下，我稱之爲：

「符應型態的眞理論」

（Theory of truth of corresponding form）

【反省三：對真理論的質疑】

爲什麼只有符合這四種標準的，才可以是眞理？

才算得上是眞理？

誰說的？誰規定的？

難道這是一種宗教戒律嗎？還是憲法條文？

> 當哲學家使用字詞——「知識」、「存有」、「對象事物」、「我」、「命題」、「名字」——去試圖攫獲（grasp）事物的本質（essence）的時候，人們一定要一直如此自問：這些字詞眞的曾被以這種方式，在它們的老家——語言——遊戲裡，如此地使用過嗎？我們所作的，就是把這些字詞，由它們的形上使用方法（metaphysical use），帶回到它們日常的使用方法（everyday use）之中。（PI116）

維根斯坦很清楚地說，他在哲學中的目標就是：

> 指引蒼蠅飛出蠅瓶的道路。（PI309）

現在，我們必須將我們的注意力，由哲學家所精心設計的概念泥沼中抽拔出來，我們要反問：假如我們眞的順著這些所謂的眞理論來對何謂眞理作出裁決的話，究竟會發生什麼事？

假如順著這些所謂的眞理論（一種可以對，什麼是眞理、什麼不是眞理，加以標準化裁斷的律法）的說法來對眞理作裁決的話，那我們就可能會看到如下的情節：

在一個美麗的早晨，四個哲學家正圍繞著一張床，床上站著一個惶恐不安、臉色蒼白的人，那個持融貫說眞理論的哲學家對著他大叫：

「你這個雜碎！你膽敢說你要下床是對的！什麼是對的？你知道個屁！你知道下床之後該作什麼嗎？你有反省到你所說的任何「對」的理由都必須和其他的理由是融貫的嗎？難道在還沒有想清楚這個融貫的「理由體系」之前，你就膽敢下床嗎？」

接著，另一個持對應說眞理論的哲學家對他激動地大聲疾呼：

不要怕！讓我來告訴你眞理是什麼！

地球是圓的！

蘋果是紅的！

我的血是紅的！

猴子的屁股也是紅的！

它們都能對應到事實，所以是眞理！你一定要相信我！

另一個持履行說眞理論的哲學家馬上以一種厭煩的神情緊接著搭腔：

好吧！好吧！「地球是圓的！」是眞理！

「蘋果是紅的！」是眞理！

「你的血是紅的！」是眞理！

「猴子的屁股也是紅的！」也是眞理！

你還要他承認什麼？你的屁股也是紅的嗎？

最後一個持實用說眞理論的哲學家則以一種謹慎而又困惑的態度說：噢！不！不！不！

「地球是圓的！」是眞理！

「蘋果是紅的！」是眞理！

「你的血是紅的」是眞理！

「猴子的屁股也是紅的！」也是眞理！

這些對他而言，的確都是有實用的價值。但他爲什麼要去管你的屁股究竟是什麼顏色的呢？他有用到嗎？〔註5〕

【反省四：進一步的說明】

以下，我們將回顧一下前一節中，我們從 Angeles 的《哲學詞典》中所摘錄下來的「眞理」的定義：

> 眞理是：爲了要證實一個陳述（命題、觀念、思想、信仰、意見）的眞實性，而根據著某些基礎或檢驗而有的「是眞的」或「是正確的」的性質。（The quality of being true or correct according to some ground or test for establishing the reality of a statement（proposition, idea, thought, belief, opinion）.）

然後，我們再從一般詞典上，摘錄下「眞理」一詞的解釋（《牛津英英、英漢雙解字典》，東華書局出版，臺北，1978，第十一版，p.1186。）：

TRUTH

n.

1. quality or state of being true「是眞的」的性質或狀態

   例：There is no truth in what he syas.他所說的毫不確實

2. that which is true 眞實的

   例：To tell the truth, I forgot all about your request.說實話，我對你的要求全忘了。

3. fact, belief, etc., accepted as true 事實，信仰等等，被接受爲眞實者。

   例：the truth of rligion（science）宗教的眞理，科學的眞理

另外，《大辭典》，三民書局，臺北，1985，中冊，p.3285：

真理

1. 佛家語。指佛法是眞實不虛的義諦。諦即是理。
2. 顚撲不破的道理。
3. （truth）哲學名詞。（1）即眞句。（2）經過檢驗，證實成立的理論。

現在，我們可以很清楚地發現，在一般詞典上的「眞理」的意思，是符合於我們日常語言中的使用意思的。

> 哲學不能干涉語言之實際使用，它只能夠描述語言。而哲學也不能

〔註 5〕我絕對沒有對那些哲學家有不敬的意圖，只是順著眞理論的推論結果來看，眞的很荒謬！

給予語言任何基礎。哲學將所有事物維持一如其是。哲學也將數學維持一如其是，而且沒有任何數學的發現能推進哲學。一個「數學邏輯的主要問題」(leading problem of mathematical logic)，對我們而言一如其他的數學一般。(PI124)

但再看一下，那在《哲學詞典》中所摘錄下來的「眞理」的定義，爲什麼那麼古怪呢？

因爲：《哲學詞典》中的「眞理」定義，受到了眞理論的污染。

因此，我們必須要警覺到一個重要的警訊，那就是：哲學家們所使用的「眞理」一詞的意義，很有可能已經偏離了一般使用中的意指；而且，更重要的是，這種偏離，是誤謬的！爲什麼是誤謬的呢？因爲：哲學家爲了判別出眞正的「眞理」是什麼，用以幫助他自己的追尋，於是，就試著提出一些可能的限制來加以檢選。

但，事實上，這些嘗試性的可能限制，在尚未被證實之前（事實上也都明顯地漏洞百出），它們已經影響了字詞的正常運用。

於是，在某些偏狹的時代中（例如：此刻），只有科學才享有「眞理」一詞的「合法」使用；因爲在科學的先天性格中，只有「物」才是它所唯一可以面對的對象，於是，科學爲了處理「人」的諸般問題，它首先將「人」「設定」爲「物」的一種，然後再以它的方式來對「人」展開研究。

但，再一次地，那個原先的設定又被遺忘掉了；而且，在很多的時刻中，這種遺忘是刻意的，爲了全然相同的目的（儘管表面理由千變萬化）——獲得某種立論上的優勢。於是，哲學家利用科學，哲學家利用數學，哲學家利用邏輯，來探求眞理。

哲學家們的立意可以是純正的，但是，他們全都忽略掉了那個原基問題：「人」是什麼？

甚至在根本還沒有碰到這個問題的邊緣的時候，哲學家在還沒有了解「語言」是什麼？

之前，就已經在大量、大量地濫用語言，濫用他所碰到的一切神奇的「悖謬」。所以，維根斯坦問：

什麼是「意義」的觀念？

什麼是「了解」的觀念？

什麼是「命題」的觀念？

什麼是「邏輯」的觀念？

什麼是「數學的基礎」？

什麼是「意識的狀態」？

讓我們再回顧一下維根斯坦的這兩段短簡：

當哲學家使用字詞——「知識」、「存有」、「對象事物」、「我」、「命題」、「名字」——去試圖攫獲（grasp）事物的本質（essence）的時候，人們一定要一直如此自問：

這些字詞眞的曾被以這種方式，在它們的老家——語言——遊戲裡，如此地使用過嗎？我們所作的，就是把這些字詞，由它們的形上使用方法（metaphysical use），帶回到它們日常的使用方法（everyday use）之中。（PI116）

維根斯坦很清楚地說，他在哲學中的目標就是：

指引蒼蠅飛出蠅瓶的道路（PI309）

我想，維根斯坦的眞正用意，應該就招然若揭了。

然而，對於「符應型態的眞理論」之所以是誤謬之最根本的原因，我們在此尚無法作最後的說明，因此我必須將它留到下一節的第四小節中，再作最徹底的解決。〔待續十九〕

但我可以先留下一個線索：

凡是，「人為的標準」，就無所謂眞或不眞；

有的只是遵守不遵守而已。

三

現在，讓我們先來回憶一下第一章第三節裡我們所留下的問題：

〔維根斯坦的目的？〕

現在，爲什麼我說〔什麼是悖謬的？〕是一個具關鍵性的重要問題？我的理由是：

《論說》中的維根斯坦將它先預設爲一個絕對標準，再用以裁判什麼是可以說的，什麼是不可以說的。而這正是維根斯坦在《論說》中的最後結論。《探討》中的維根斯坦則不再以它爲一個可不可說的裁判標準，但仍堅持它爲一個重要的區別。例如：一個令人感到

驚奇的現象：虛構的故事與圖畫（註：一本附插圖的童話故事書）

能夠帶給我們快樂，並佔據我們的心靈。

這是一種有別於一般事物的傑出事實。而且他的目的就在於：教導大家把一件經僞裝過了的悖謬辨明、轉變爲明顯的悖謬。

現在，我們知道它對於維根斯坦而言，的確是個具關鍵性且重要的問題，因爲維根斯坦的中心意含始終灌注於此。

〔問題八〕

但，這又代表著什麼？究竟是什麼意思？這跟維根斯坦認爲：一切的哲學都是對語言的批判。（TL4.0031）有什麼關係？維根斯坦的覺醒，對西方哲學而言，代表著怎樣的意義？

〔反省〕

現在，一個簡單的問題：

維根斯坦提供了西方傳統哲學怎樣的反省？

爲什麼我說維根斯坦揭露了一個對西方哲學而言，足以逼近哲學眞理的全新方向？爲什麼我說〔語言與意義〕這三個階段，在某種程度的意義上，事實上就表徵著維根斯坦逐漸掙脫一種長久以來普遍瀰漫於西方傳統哲學之中的語言迷思的里程碑？爲什麼維根斯坦會說，他的思想和歐美文明的主流格格不入，具有科學頭腦的人是理解不了他的，他是在爲地球上具有不同文化傳統的人寫作？

我想表明的是：

1. 我們必須先提出一個能夠眞確瞭解維根斯坦理路的完整說明。（所謂的「眞確瞭解」，就是能夠對維根斯坦所說的諸「怪說」作通盤的說明。也說，對維根斯坦作爲一個哲學家的誠實不容懷疑的。我們不能因爲自己的無法理解而簡單地把維根斯坦的一些說法歸爲夢囈或任意地割裂、曲解或加以利用。）
2. 然後透過以上的理解，我們再來觀察爲何在他的時代中的三個一流哲學家羅素、穆爾和弗雷格都無法理解他？爲什麼維根斯坦的學說至今在西方哲學界中仍然是眾說紛云？究竟是維根斯坦造成了混亂，還是混亂來自於西方哲學的根底性格？
3. 最後，經過以上的考察，我們可能會發現：瞭解了維根斯坦的眞正意圖，我們才能瞭解維根斯坦之所以會被西方哲學界誤解的原

> 因；而瞭解了維根斯坦之所以會被誤解的原因，就能夠瞭解這個原因正是維根斯坦所要批判的眞正對象；而瞭解了這個原因以及這個原因所加諸於維根斯坦的諸現象，就能進一步導引我們去觀察到這個原因的一個更深沉的面貌。走到了這個地步，我們才終於會瞭解維根斯坦的哲學目的：「指引蒼蠅飛出蠅瓶的道路」（PI309）

以上是我們所留下的問題。

以下我們將把這個問題分爲四個部份來加以回答。圖示如下：

- PART1：維根斯坦的哲學方法
- PART2：日用而不知
- PART3：語言、意義、「義」與默會致知
  - STEP1：語言的意義
  - STEP2：
    - （1）
      - 意義的眞正身份——“義”
      - 語言的原始身份
      - 對「本體——屬性說」的質疑
    - （2）三個釋例
- PART4：「悖謬」的重生

【PART1：維根斯坦的哲學方法】

在第一章第三節的一開始，我就說過：

> 貫穿維根斯坦整個哲學架構的核心意見只有一個：「一切的哲學都是對語言的批判。」（TL4.0031）

現在，經過了以之的一連串說明，我們應該可以更精確地掌握這句短簡的涵義，它的意思是：

步驟一：瞭解我們「如何可能」運用語言，並正確地使用語言。

步驟二：之後，我們才能尋回哲學的原始企圖，

那就是：「What is it？」

【PART2：日用而不知】

以下維根斯坦的四段短簡，將提供一個令西方哲學感到驚愕的洞見。

> 當哲學家使用字詞——「知識」、「存有」、「對象事物」、「我」、「命題」、「名字」——去試圖攫獲（grasp）事物的本質（essence）的時候，人們一定要一直如此自問：這些字詞眞的曾被以這種方式，在它們的老家——語言——遊戲裡，如此地使用過嗎？我們所作的，就是把這些字詞，由它們的形上使用方法（metaphysical use），帶回到它們日常的使用方法（everyday use）之中。（PI116）

> 哲學只是把一切都擺在我們面前，它既不解釋，也不推演，因爲一切都是顯而易見的，沒有什麼可解釋的。我們對那些隱蔽的東西不感興趣。我們也可以將在一切新發現、新發明之前的可能事物名之爲「哲學」。（PI126）

> 如果有人問：「語句如何去設法呈現？」（manage to represent）——答案可能是：「你不知道嗎？當你在使用它們的時候，你當然知道語句是如何呈現的。」因爲沒有任何事物是被隱蔽的（For nothing is concealed）。那麼語句是如何作到的？——你不知道嗎？因爲沒有任何事物是被隱藏的（For nothing is hidden）。但假如被給出的是如下的答案：「你應該知道語句是如何作到的，因爲沒有任何事物是被隱蔽的。」有人會反駁說：「是呀！但那一切過得得那麼快，而我卻想要它猶如攤平在我眼前一樣地來了解它。」（PI435）

> 由於事物本身的簡單性和熟悉性，對我們而言，事物最重要的面相仍被隱藏著。（一個人不能注意到某事物，因爲它總是在他的眼前）他的質疑的眞正基礎，根本無法觸動（strike）他。除非該事實曾經在某個時刻觸動過他——而這就意味著：我們沒有能被，曾經觸動過我們的，最令人震驚的和最強而有力的事實，所點悟（to be struck）。（PI129）

以上維根斯坦的四段短簡，直截了當地就指出了一個事實：

首先，在我們覺得對人類的言說現象毫無所知的任何當下，我們都忽略了一個最最明顯的事實，那就是：

我們所要追尋的眞理與事實，

早就已經存在在我們的眼前。

而這就正是《易經・繫辭上篇》所說的：

仁者見之謂之仁，知者見之謂之知，

百姓日用而不知，故君子之道鮮矣。

或是形容《妙法蓮法華經・信解品》之內容的譬喻：

盡棄自家無盡藏，沿門托缽效貧兒。

【PART3：語言、意義、“義”與默會致知】

維根斯坦在反省了他在《論說》中的錯誤之後，他提出了一個從事哲學的子方法（母方法是：對語言的批判）

我們的錯誤是在應該看原型現象（proto-phenomenon）是怎麼回事的地方，卻去尋求一個解釋。……（PI654）

而這也是維根斯坦在整本《探討》中所使用的哲學方法。

以下我們就結合維根斯坦的子、母兩種哲學方法，來實際操作維根斯坦的步驟一：瞭解我們「如何可能」運用語言，並正確地使用語言。以下分爲兩個步驟來操作：

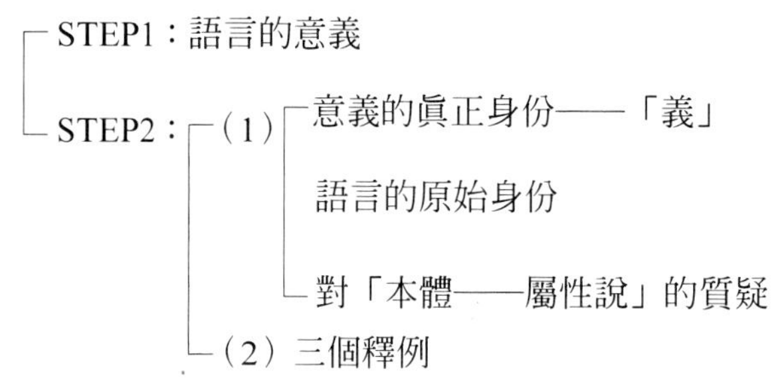

〔STEP1：語言的意義〕

現在，讓我們來回顧一下，在前一章中我們透過索緒爾與維根斯坦所得到的，對言說現象的兩點結論：

（1）階段一：意義在於對象事物

階段二：意義在於使用

階段三：意義在於言說（引自第一章第三節）

（2）「最後，維根斯坦發現，我們是先有一種心靈狀態（state of mind）、感覺（feeling）或意欲（intention）之後，才以我們從小所受的有關語言方面的訓練，透過各種因著不同情境（situations）、環境（surroundings）、語句脈絡（context）、目的而隨時調整、改變的語言——遊戲來表達我們自己。」（引自第一章第四節）

所以，很清楚地，我們可以得到如此的了解：即，任何字詞（記號）之

意義的判定，端視其所置身的語言——遊戲之當下的情境、環境、語言脈絡或目的，而被決定。〔註6〕

〔STEP2：(1) **意義的真正身份——「義」**〕

語言的原始身份

對「本體——屬性說」的質疑

其實我們由以上的結論已經知道，意義的眞正身份是一種「心靈狀態」、「感覺」或「意欲」。現在，我要將以上三者用一個詞來代表——「義」。讀者一定要切記我們在第二章第一節《金剛經》中的「指月句法」，不要又陷入望文生義的陷阱中，我所謂的「義」，指謂的是，存在於我們心靈中的種種非言語所能替代的狀態，言語只是象徵、描述它而已。因此，我們得到一個進一步的結論：

語言的原始身份，
是一種形容或象徵“義”
的工具。

現在，我們要就著上一小節中的眞理問題，來證成這個結論。請注意以下句型：

〈句一〉		〈句二〉	〈句三〉
I got the experience before 我有以前有過經驗		I could say 我可以說	
I heard that before 我聽過那會事		I see 我了解	it's meaning 它的意義
I read that before 我在書上看過	so	I understand what 我瞭解	it happen 發生
I know it 我知道		I know 我知道	it meant 它意謂
I have the knowledge about that 我知道它		I am sure 我確定	

〔註 6〕請比較《教程》中，p.67。
Part one：General principles, Chapter I, Principle I：The Arbitary Nature of the Sign 記號的任意性本質。我們會發現，事實上，由語言學與哲學這兩種不同的領域之間，我們已經在這一點上，獲得了一個互爲印證的相同基點。而這更可以證明，它不僅僅是一個「意見」而已，而是一個不折不扣的事實。

then, my judgment is “A is B”

〈句四〉

以上句一，句二，句三，句四是一個完整的長句子。

請注意：

假如我們將句一和句二中的全部句子都還原爲「義」的話，我們會發現，二者是相同的「義」，而有不同的表達方式（句一加上“來源”，句二則直接陳述，並使用意義一詞）。

所以，我們可以說句一和句二或句三的眞正意謂都是：

對「義」的掌握。

接下來的句四，則是一個不折不扣的

對「義」的「形容」。

所以，我們對西方哲學中的本體——屬性說，就可以獲得一個有力的懷疑基點：

所謂的，「本體」與「屬性」的區別，是否只是語言文法的一種形式？

這種形式，先將一個較大的部份視爲主詞，然後再將一個，在感官可感的情形裡，似乎與之相連的較小的部份視爲謂詞。

但這只是一種表達的方式而已，因爲二者的眞正身份，都只是「形容」。

例如：蘋果是紅的

倘若我們將這句話還原爲「義」的話，它事實上是我們眼睛所看到的近似「圓形的」、「紅色的」的「X」。（注意，都是發生在心中的一種感覺而已，只是我們對之加以名稱而已）

於是，基於此種表達方式（因爲它並非唯一的），倘若我們往較大的或往較小的那邊，一直形容上去，則我們必然會有一個最後的一個終點。

所以，我們要問：

究竟眞正的「眞實」（reality）是什麼呢？

我們的語言文法的確是如此操作的，但它是唯一的操作方式嗎？（當然不是）我們所認知的世界，是透過此種語言的文法結構來表達的，但這難道就必然可以導致——眞正的世界之本質，也如同我們的語言之文法結構所呈現的一般嗎？（當然不是，那只是簡單，且遭遺忘了的錯誤類比。）

眞的有所謂的「實體」（substance）嗎？

《楞伽經》卷二：

……彼惑亂者，倒不倒妄想，起二種種性，謂聖種性，及愚夫種性。

聖種性者，三種分別，謂聲聞乘、緣覺乘、佛乘。云何愚夫妄想，起聲聞乘種性？謂自共相計著，起聲聞乘種性，是名妄想起聲聞乘種性。大慧！即彼惑亂妄想，起緣覺乘種性，謂即彼惑亂自共相不親計著，起緣覺乘種性。云何智者即彼惑亂，起佛乘種性？謂覺自心現量，外性非性，不妄想相，起佛乘種性，是名即彼惑亂，起佛乘種性。……大慧！說幻相自性相，爲離性自性相故。墮愚夫惡見相希望，不知自心現量，壞因所作生，緣自性相計著。說幻夢自性相一切法，不令愚夫惡見，希望計著，自及他一切法，如實處見，作不正論。大慧！如實處見一切法者，謂超自心現量。……

《金剛經》〈究竟無我分第十七〉：

如來者，即諸法如義。

《金剛經》〈一合理相分第三十〉：

……世尊！如來所說三千大千世界，即非世界，是名世界。何以故？若世界實有者，則是一合相，如來說一合相，即非一合相，是名一合相。須菩提！一合相者，則是不可說，但凡夫之人貪著其事。

《壇經》咐囑品第十：

……外無一物而能建立，皆是本心生萬種法。故經云：「心生種種法生，心滅種種法滅。」

是的，我想說的是：若表明著來說，佛教的智慧認爲西方哲學中所謂的「實體」觀念，是無自性的虛妄想。

謂自共相計著，起聲聞乘種性，是名起聲聞乘種性妄想

是緣起於，執著著聲、聞等感官所生的共相，而妄想萬法皆有其自性，即所謂的萬物皆有其「實體」，亦即爲主謂式文法中的主詞，諸可感性質的附屬者。

然而，就佛教的智慧而言，其實一切可感的外物，都只是顯現於我們「心靈外層」的知覺印象（impression），〔註 7〕即前面《楞伽經》中所謂的「自心現量」的內容物而已，然而，那唯一眞實的，是這些知覺印象爲我們所理解、攫獲之後的「義」，即一種心靈狀態。

〔註 7〕此處的「印象」impression 一詞，取休姆之義。然而，並非只是隨手借用休姆的詞而已，在第二章第二節中，我的確是藉著對休姆的批判，來重建一個較休姆更完備的知識論。另外，所謂「心靈外層」一詞，我們會在同一節中交代。

〔STEP2：(2）三個釋例〕

以下我將舉出三個釋例：

〔例一〕：

當我們做過任何事之後，倘若有人要求我們把它描述出來的話，我們可以憑藉著一般所謂的「記憶」來回想起當時的種種情節，再利用語言或文字表達出來。但是，請注意了，倘若有人不斷地要求你作更詳細的描繪與解釋時，會發生什麼事情？

你可能會如一般說法中的，栩栩如生地將所發生過的細節像慢動作般地描述出來，甚至可以用最符合科學要求的陳述方式，來一一照著時間分秒列舉出來，但是，假如在你如此作之後，某人問你：

「可是，X分Y秒時的那個人的動作，是什麼意思呢？你會不會誤會了人家的意思？還有，你說A打B，所以就導至C，你有沒有可能曲解了A的意思？而且就我所知，C根本跟那件事無關吶！」

你可能回答：

「嗯！你這樣說可能也對！」

結果是，你們在往後的一個月中，共對X分Y秒時所發生的事件作出了幾十種的猜測。

請問：這一連串的過程，是哲學家所謂的，那種經污染了的「記憶」一詞所能負擔的嗎？

若按照哲學家所謂的「記憶」一詞的「精確定義」，應該是如攝影機般的記錄功能而已。所以哲學家們對於上述過程的反應，通常就是滿腹勞騷地抱怨人類的記憶不牢靠，使得他的「理性」無法作出正確的推斷。但若以我們現在的理解來看，哲學家根本沒搞清楚究竟發生了什麼事，就在亂批評。

這一連串的過程根本不是錯在記憶不好，而是在於行爲之意義的判定。

那我們究竟在那後面的一個月中，對著什麼東西在作判斷呢？我們在酌著的對象是什麼呢？

其實就是該行爲的意義；而且，它不是以一種固定的線索存在著的，它是以我們心靈中的一種狀態、情感或所謂的意欲而存在著的。

〔例二〕：再舉一個更清楚的例子。

一個已經困惑了哲學家很久的問題是：

翻譯如何可能？

最簡單的說法是，兩種文法、字彙之間的機械式換位。可是這種說法也是眾所皆知地無聊，因爲根本就不是這麼一會事。

但是，現在我們終於知道了，在兩種文字表達之間的媒介，就是「義」。就是我們日常所謂的「瞭解某事物」之後的，在心靈中的攫獲物。（當然它不是以「物」的形象存在著的）想想看，我們爲什麼會抱怨別人的譯文「不恰當」、「不精準」？

我想，這個「翻譯」的例子應該就一針見血了。

〔例三〕：

當代德國哲學家邁克・博藍尼（Michael Polanyi，1891～），在他的傑出演講集 *The Tacit Dimension*, Garden City, Doubleday & Company Inc., 1966.（中譯本收錄在《博藍尼演講集》中，彭淮棟譯，聯經，臺北，1985，pp.163～235）中提出了「默會致知」Tacit Knowing 的觀念。而這個觀念所要解答的難題，有一個可以追溯回柏拉圖《對話錄》中《米諾》Meno 一篇之內容的淵源，大意是：

柏拉圖說我們想去「知道一件事情」是一件荒謬的事，因爲，這件事只可能有兩種情況：一是，你知道你在尋找什麼——但若是這樣的話，你既然已經知道了，那你還找什麼？二是，你不知道你在尋找什麼——但若是這樣的話，你既然不知道你在找什麼，那你怎麼可能找到什麼呢？（然後柏拉圖再給出他自己的答案：一切的發現都是對過去生命的記憶（are membrance of past lives））（博藍尼說，從來沒有人接受過這個答案。）對於這個兩難之局，博藍尼在他的演講集中，當然給出了相當精彩的解答。不過，依照我們目前的理解來審視這個問題的話，我們的解答恐怕要簡單得多了：

所謂，我們「想知道一件事情」，意謂的是，首先，我們有一種一般所謂的「困惑」或「好奇」在心中，它是一種心靈狀態、感覺或意欲，還在一種混沌的狀態之中；現在，假設它的對象是一個被遺忘了的，或觀察過、感覺過、設想過、作夢過、幻想過……等等的X，雖然一切的種種都已遠去，但，心靈狀態、感覺或意欲都一直存在在心中；於是，有一天，基於某種不可知的衝動（或痛苦、刺激等原因），他使用語言，說出：「我想去知道它。」於是，他開始了一種內在的歷程；他嘗試著去操作一個，從他學會以語言、動作等方式來表達他的內在動機之後就學會的「翻譯過程」，這個「翻譯過程」所牽涉到的項目與動作是「心靈——言說——對象事物」三者之間的相互投射（或象徵、指謂、代表、……等）。然後，我們所看到的只是他這一連串內在的歷程的少數外現行爲而已。〔註8〕

我想，這才是所謂的「想知道一件事情」的正確過程。而那個有趣的「兩難之局」，當然就只是個語言表達的表面幻相而已（這個幻相的發生原因，完全是來自於我們所使用之工具的本質的誤解）。（註：事實上柏拉圖的解釋頗值得深思，它顯然是已經暗示出正確的方向了）

【PART4：「悖謬」的重生】

> 問題，是透過我們對我們的語言形式之誤解而產生的，而且此一誤解具有「深奧」的性格（character of depth）。這些問題是深刻的不安；這些問題的根源和我們語言的形式一樣，深植於我們心中，而且這些問題的重要性（significance）和我們的語言的重要性（importance）一樣驚人（as great as）。——讓我們自問：我們怎麼會覺得一個文法笑話有深度（to be deep）？（而那就正是哲學的深奧。）（PI111）

例如一幅四格漫畫上的內容，兩個小孩兒的對話：

較小的說：「老師講的主詞和副詞，我都分不清楚。」

較大的說：「這不難的，比方說，“這些垃圾弄髒了街道”，那一個是主詞？」

較小的說：「清道夫？」

維根斯坦所企圖在此指出來的就是，文法笑話的深度，事實上是來自於：

對日常早已不自覺遵守之不成文規則的明顯誤置。

維根斯坦的意思是，當哲學家以一種嚴肅而又專業的表情，提出諸如「『我』是什麼？」之類的哲學問題時，人們第一個由心中升起的感覺就是「哇！多麼深奧啊！」。但維根斯坦指出，這種感覺，其實是和我們在文法笑話中所感覺到的深度，是完全相同的。因爲，這一類的問題，事實上也是一

〔註8〕這可以令我們回想起維根斯坦在《探討》一開頭所引述的那一段，奧古斯汀在《懺悔錄》第一章第八節中的文字。其實，公允地說，奧古斯汀所說的不但沒有錯，而且還十分地傳神。維根斯坦實在有些對不起奧古斯汀。

種對日常早已不自覺遵守之不成文規則的誤置，只是，現在不但不明顯，而且還穿上了一件「深奧」且令人迷惑的外衣。

請注意：並不是說，我們不能去問「"我"是什麼？」之類的問題，而是，我們先要辨別清楚，如此的問法，是否結合了我們對文法的迷信與任意的妄想，而終致導出一個荒謬的答案來。例如：

> 「我」是實體的一種，「我」也是我的屬性之一，所以，部份等於全體。

（因爲，"I am I"是合法的同一律 The Law of Identity）

> 一種，已經被合併在我們的語言之形式當中的，明喻（simile），造成了一種假象，而這些假象使我們不安。「但它不是像這個樣子的（but this is'n thow it is）！」——我們說。「然而，這個，才是它所必需是的樣子」（Yet this is how it has to be）！（PI112）

> 我們正在提供的是人類天性史（the natural history of human beings）的眞正評論；然而，我們並非企圖造成好奇，而只是在作沒有人曾經懷疑過的觀察，只是因爲它們總是在我們的眼前，所以就逃過了我們的評論。（PI415）

> 如果觀念的形成可以由天性的事實（facts of nature）來解釋的話，那難道我們不該對，不是文法，而是文法之基礎的究竟（in nature which is the basis of grammar），感到興趣嗎？——我們的興趣當然包括了觀念與天性之普遍事實的對應（correspondence）。（此種事實由於其普遍性，極少觸動我們（strike us）。）但是，我們的興趣不陷入觀念之形成的那些可能的原因；我們並不是在作天性科學（natural science）；也不是在作天性史（natural history）——即使我們也可以爲了我們的目的造出一個虛構的天性史來。（PIp.230）

現在，我們所立足之處，正是維根斯坦的思想核心。

一如我們在第一章第三節第三個小節的開始後不久所曾提起過的：

> 「所有人類的哲學探索，都只能建立在一個基礎上，那就是：人唯有先設法去了解〔他究竟是如何了解的？〕此一問題之後，他才算是獲得了一個最基本的資格去追問『是什麼？What is it？』。而在獲得這資格之前，人只能問『是如何？How is it？』。所以，一切哲學

的開端，就是對語言的批判，因爲哲學寄生在語言之上。」

我的目的是：教導大家把一件經僞裝過了的悖謬，辨明、轉變爲明顯的悖謬（My aimis：to teach you to pass from a piece of disguised nonsense to something that is patent nonsense）。（PI464）

維根斯坦要我們反省的是：

在我們使用語言去探索這一切外在的秘密之前，我們先要低頭看看我們所立足的大地。人類是如何而能如此頂天立地的呢？

這就猶如牛頓對萬有引力的發現（或說整理前人心得而有）；在萬有引力被發現之前，物體由高處下掉到低處，是天經地義的，沒有人曾經懷疑過眼前的這一事實。而這就是以下這句話的眞正企圖：

把一件經僞裝過了的悖謬，
辨明、轉變爲明顯的悖謬

因爲，由視之爲理所當然（經僞裝過了的悖謬），到發現了萬有引力（明顯的悖謬）之後，「萬有引力」的存在，對人類而言仍是不可思議的（「悖謬」一詞的積極義）。

所以，在我們尙未瞭解「how is it」之前，任何的「what is it」都猶如沙地上的城堡，甚至是，徹底虛幻的空中樓閣一般。然而，並非西方哲學全是錯誤的、沒有價值的，而是維根斯坦要求，把那些具有眞正價值的內容，從誤謬的妄想之中抽拔出來。

所以，維根斯坦並非想要取消哲學或形上學或倫理學或美學；正好相反地，維根斯坦的目的是在於：

區別出科學與哲學的不同（在數學、物理學、化學……等等學科早已在面相上脫離哲學母體獨立之後）。將那些經僞裝了的悖謬還原爲明顯的、令人驚奇的、不可思議的神奇本身；也就是，那些遭污染了的，經過「悖謬」的洗禮，而獲得重生。

維根斯坦問他自己：

在哲學抽離掉這些雜質（相對於它的純粹）之後，哲學可以是什麼？
哲學應該是什麼？

現在，我，終於可以替維根斯坦回答這個問題了：

哲學的確起源於 Wonder。但在 Wonder 覺醒後的不久；在它的外在觸腳

（諸學科）已經不斷急速地向外擴張後的不久；Wonder 應該，它應該反轉迴內，重新面對自己的本質；因爲，在它之內的，是在它之外的一切，所無法觸及的；決定了在它之內的，就決定了在它之外的；而唯有 Wonder 它自己，才是那唯一的，可以決定的 CHOSEN ONE。

最後，我想，哲學的目的，可以依以被決定爲：

對一切之本質的追求

（The search of the nature of the whole）

圖示如下：

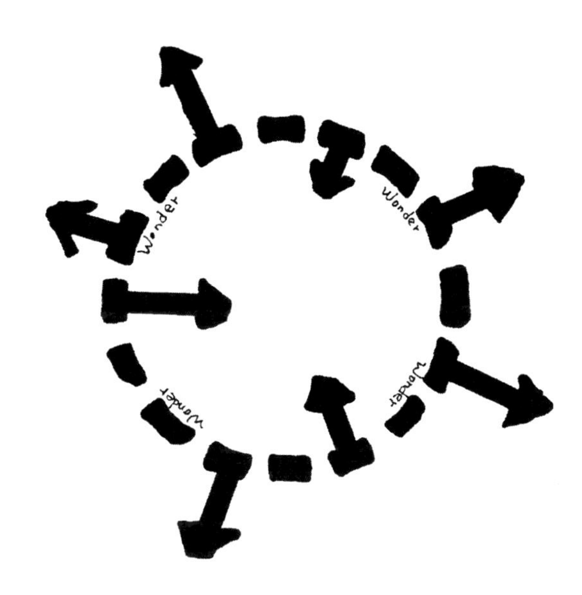

在這一節的最後，我想，對於以上我所陳述過的所有內容的合理懷疑，最後都會歸結到一點，那就是：

「心靈」是什麼？

你當然可以把所有的原因都歸給一個根源，但，你所陳述的那個根源，能夠如何地使我們恰當地理解，並相信呢？它是如何運作、存在的呢？那是一種不可思議的神秘存在嗎？是我們可能認識的嗎？

很幸運地，對於這個問題的解答，剛剛好就正是我在一開始企圖撰寫這篇論文之時，就已經得到的心得，也因著這個原基的瞭解，才使我有勇氣來撰寫這篇論文。

我們將在緊接著的下面兩節，正面地來回答這個問題，並貫通前面所有我們曾經留下的需要待續的諸多說明。

第二節　世界哲學的知識論，「心」模型之建立——透過休姆的進一步發展

在這一節中，我們將分爲三個部份，來繼續深入眞理的核心根據。

第一個部份，

我將大致介紹休姆在《人性論》、《人性論之撮要》、《人類理解和道德原則探究》〔註9〕中所提供之知識論的大體架構，及其理論上的困境。然後，我將明確地指出產生這個理論困境的徵結爲何。

第二個部份，

接著，我將替休姆解決這個理論困境，而這個解決，將帶領我們來到眞理的唯一核心。於是，一個通貫東、西哲學之核心的知識論——“心”模型，即賴以建立而成。

第三個部份，

我們將順著這個知識論，來對諸種知識的本質作一個恰當的安排與說明；然後，我將提出一個對數學知識之本質的探討，並指出哲學家對數學與邏輯知識的不當迷思。

一

以下將分爲三個部份，來進行論述。圖示如下：

- PART1：休姆知識論介紹（包含六個步驟）
- PART2：休姆的理論困境
- PART3：對休姆之理論困境的疏解
  - 1.西方哲學中「思想陷阱原型」——對思想三定律的質疑
  - 2.休姆的掙扎
  - 3.對休姆之知覺理論的質疑

〔註9〕David Hume：*A Treatise of Human Nature*, Oxford, second edition, 1978.《人性論》。
David Hume：Abstract of The Treatise，此書收錄在《人性論》，p.643。以下簡稱《撮要》。
David Hume：*Enquiries concerning Human Understanding and concerning the Principles of Morals*, Oxford, third edition, 1975。以下簡稱《探究》。

【PART1：休姆知識論介紹】

以下，我將把休姆的知識論內容，還原爲六個依序開展的步驟，圖示如下：

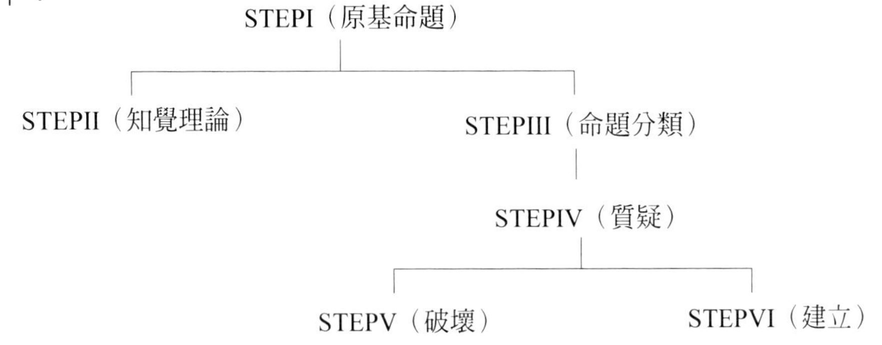

〔簡單說明〕：

STEPI 原基命題：休姆由對這個命題（關於推論中的誤謬）的掌握，而展開其知識論的探討。〔註 10〕

STEPII 知覺理論：休姆先建立起此一架構，來作爲其知識論的立論基礎。

STEPIII 命題分類：建立立論基礎之後，在論述之前，先區別所有論述的對象爲兩類。

STEPIV 質疑：休姆接著便展開對「推論中的誤謬」的正面質疑。

STEPV 破壞：先破壞掉舊的推論中的誤謬（對傳統因果律的批駁）。

STEPVI 建立：再建立新的推論原則（經驗的因果觀察）。

〔詳細說明〕：

以下的說明，我將先把休姆原文引出來，再給予相應的解釋。

〔STEPI：原基命題〕

在這裡，我們有一個命題，它本身不僅是簡單的、可了解的，而且如果我們把它運用得當，則我們可以使各種爭論都一樣地可理解，並且把一切妄語都驅散了，使它們不能再像從前一般地瀰漫著形上學的推論，並使那些推論蒙受恥辱。所有的觀念，尤其是抽象的觀念，天生都是微弱、曖昧的，人心並不能強固地把握住

〔註 10〕關於我如此地來理解休姆，令我聯想起勞思光先生在其《新編中國哲學史》，四冊，三民，臺北，第三版，1987，第一冊序言中所提及的「基源問題研究法」（pp.14～17）。我想，我的方法和勞思光先生的方法是一樣的，而勞先生已經爲這種方法作了十分恰當的說明了，我也就不用再多作贅述。

> 它們：它們最容易和其他相似的觀念相混淆，而且在我們習慣使用了任何字詞之後，雖然它並沒有任何清晰的意義，我們也很容易想像它附有一種確定的觀念。在另一方面，所有的印象，也就是一切的感覺，不論內在外在，都是強烈且活躍的：它們的界線較爲精確且確定，而且在考慮到它們的時候，也較不容易陷入錯誤中。當我們懷疑一個哲學名詞是在毫無意義或莫名所以（without any meaning or idea）之下而被使用的時候（正如常常發生的），我們只要質問：這假設的觀念是由什麼印象而來的？如果我們找不出任何印象來，則這正好證實了我們的猜想。我們如果把各種觀念置於此一明晰的光照之下，我們也許可以合理地希望，去把那些可能由於這些觀念的本質及實在而引起的爭論，一掃而空。（《探究》pp.21～22）

> 因此，我們正不妨本著好奇心來考察，在感官的當下證據之外和記憶的記錄之外，足以對我們保證任何眞實存在和事實的成素的證據之本性爲何。這部份的哲學，很明顯地，無論古代或當代都很少爲人所注意。……它們或許不是沒用的，因爲它們正可以刺激起好奇心來，把爲害一切推論和自由探究的那種絕對的信念和防衛手段消滅掉。（《探究》p.26）

註：在這兩段引言中，我們應該把握到三個重點：

（1）即所有的爭論，來自於哲學用語的混淆；而這些爭論的主要戰場，是在關於形上學的諸推論之中。

（2）解決這些不必要爭論的方法，在於：去質問我們所慣用的哲學用語，是否存在著由之而來的印象？若有，則是有意義的；若無，則是無意義的，僅有我們所不當附加的想像觀念。

（3）休姆的主張是一種簡單的「觀念——印象」對應說，而且觀念由印象所產生。

〔STEPII：知覺理論〕

接著，休姆爲了說明以上所提及的〔印象——觀念——字詞〕的理由，而發展出一個知覺理論來。以下先引出休姆的原文，再引出一段艾爾（A.J.Ayer）書中〔註11〕的一段介紹性文字來大致總括前面的引文。最後，再

〔註11〕《休姆》，by A. J. Ayer，李瑞全譯，聯經，臺北，二版，1985。

以圖示概括之。

> 任何能呈現於心靈（mind）的東西爲知覺（perception），不管我們是在運用我們的感官，或是受情緒的鼓動，或是運用我們的思想與反省。他將我們的知覺區分爲兩種，即，印象（impressions）與觀念（ideas）。（《撮要》，《人性論》p.647）

> 因此，在這裡我們就可以把人心中的一切知覺分爲兩類，而這兩類就是藉它們的強力（force）和活力（vivacity）來分辨的。較不強烈、較不活躍的知覺，普通被命名爲思想或觀念（thoughts or ideas），另一種知覺……稱它們爲印象（impression）；……我所謂的印象一詞，指的是我們較爲活躍的一切知覺，就是當我們有所聽，有所見，有所感（feel），有所愛（love），有所憎（hate），有所欲（de-sire），有所意願（will）時的知覺。印象是和觀念有別的，所謂的觀念，就是在反省（reflect）上述的那些感覺（sensations）和運作（movements）時，我們所意識到的一些較不活躍的知覺。（《探究》p.18）

> 在哲學史上，休姆往往被認爲是代表著一項哲學運動的完成，這個運動肇始於洛克（John Locke）在一六九〇年出版的《人類理解論》（*Essay Concerning Human Understanding*），並由柏克萊（George Berkeley）繼承發展，他的《人類知識原理》（*Principles of Human Knowledge*）……這個運動的主題是：人類只有從經驗，纔能得出關於世界的知識，除此以外再沒有任何關於世界的知識；它的申論之路向，正如洛克所提出的：經驗（experience）包含感覺（sensation）和反省（reflection）；心靈的運作是反省的對象，而且只作用於感官（sense）所提供的材料（material），或只作用於心靈對這些材料的變形（transformation）；而感官所提供的材料，則包含諸如顏色、觸覺的感受、身體的感覺、聲音、氣味和滋味等基本原素。〔註12〕

我們可以將以上的內容作成下圖：

〔註12〕Ibid.註11，p.17。

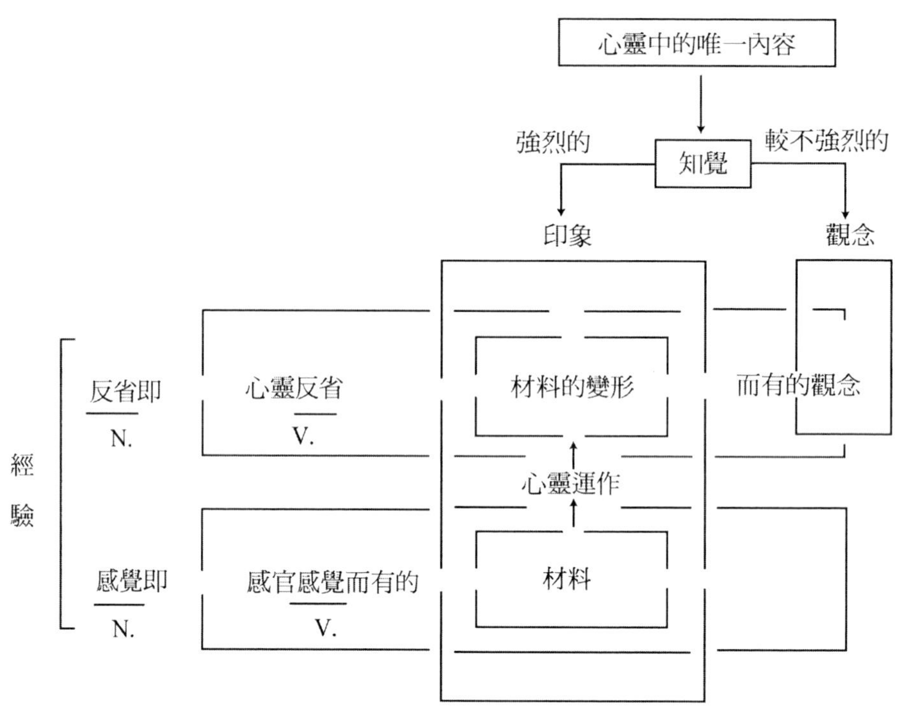

註：

（1）所謂的「材料的變形」指，直接的感覺透過心靈的運作之後，變形成人們回憶中的或幻想中的該材料，但可能已經與原物有極大差別了。所以稱之爲「材料的變形」。

（2）休姆在《人性論》pp.275～276 中，又將印象區分爲原初印象（original impressions）和次生或反省印象（secondary or reflective impressions），原初印象即感覺性印象，例如身體上的疼痛或快樂；次生或反省印象即激情（passion），例如自然衝動或本能的飢餓、情欲等；而激情又分兩類，初生激情及次生激情等等。

〔STEPIII：命題分類〕

休姆區分命題爲兩類，觀念的關係與事實的成素，以下我將在引文上方作簡單標示，如〈觀念的關係〉、〈事實的成素〉、〈觀念的關係與事實的成素之差異〉。

> 人類理性（或研究）的一切對象可以自然分爲兩種，就是觀念的關係（Relations of Ideas）和事實的成素（Matters of Fact）。（《探究》p.25）

〈觀念的關係〉

> 屬於第一類的，有幾何、代數、三角諸科學；總而言之，即凡有直

覺的確定性或解證的（demonstratively）確定性者。「直角三角形，斜邊長的平方根等於另二個邊長的平方根之和」是一個表示這些形象關係的命題。又如「三乘五等於三十之半」，也是表示這些數目之間的一種關係。這類命題，我們只憑思想作用，就可以把它們發現出來，並不必依據於宇宙中任何地方存在的任何東西。自然中縱然沒有一個圓或三角形，而歐幾里得（Euclid）所解證出來的眞理也會永久保持其確定性和明白性。（《探究》p.25）

在我看來，抽象科學或證明的唯一對象，只在於數和量，而如果我們企圖把這種較完全和知識擴充到這些界線之外，則那只是詭辯和幻想。數和量的組成部份雖然完全是相似的，但它們的關係卻是複雜的……只有數量科學，我想，才可以被斷言爲知識和證明的適當對象。（《探究》p.163）

〈事實的成素〉

事實的成素，人類理性的第二個對象，則不能在相同的態度之下來考究；儘管我們所有的證據是如何地偉大，也不能以相同於前一種的態度來考究。每一種事實之成素的反面總是可能的；因爲那從不含著任何矛盾，而且也總是被人心在相同的簡易性及清晰性之下所構想，猶如它們也一直與眞實如此一致。「太陽明天不升起」此一命題，並不比「太陽明天會升起」此一斷言更不可理解和更不矛盾。若我們企圖要解證出前者的虛假來，那必然是徒然的。如果我們眞能解證出它是虛假的，則它便含有矛盾，而永遠無法被人心清楚地構想。（《探究》pp.25～26）

人類其它的探究（註：指觀念的關係之外的）都只涉及事實的成素和存在，而這些是分明無法證明的。（《探究》pp.163～164）

〈觀念的關係與事實的成素之差異〉

但是除了數和量的關係之外，別的一切觀念既然是互相分別、互相差異的，所以我們縱然藉極深的考察，也不能進得很遠，我們只能觀察這種差異，並且藉明白的反省來斷言此物不是此物。在這些判斷中如有任何困難，則那種困難是完全由不確定的字義而來的，這種困難可以用較正確的定義來加以改正。「直角三角形，斜邊長的平方根等於另二個邊長的平方根之和」這個定理，我們縱然把其中的名詞都精確地下了定義，但我們若沒有一連串的推論與考究，我們也不能知道它。但是要想使我們相信「沒有財產的地方，就是沒有非義的地方」這個命題，則我們只須給這些名詞下個定義，並且解釋非義就是侵犯他人的財產。這個命題本身，實際上也就是較不完全的定義。除了數量科學之外，其它學問部門中的那些妄立的連珠式之推論都是這樣的。（《探究》p.163）

註：在以上的引言中，我們應該注意以下兩點：

（1）關於觀念的關係與事實的成素之差異的關鍵在於：

「觀念的關係」中命題記號的意義只要能加以確定的定義，則任何人都有可能藉由觀察來對之下斷言，因此這是一種較完全、完美的（perfect）知識。但是，「事實的成素」中命題記號的意義，卻僅是來自於字詞間的相互定義，但關於其所斷言的命題之眞或假，卻是無法由命題本身所保證的，因此，這種知識被休姆視爲較不完全、完美的知識。休姆的意思是，這種命題除了表達說話者的意圖之外，可能什麼都沒說，自然算不上是「知識」

（2）所以，很清楚地，「觀念的關係」中的命題對休姆而言，是在一種確定定義之下的記號體系，每個記號的指謂是完全人爲事先設定的，而此指謂與彼指謂間的關係，只需要經過一連串的推論及考究之後就可以斷定，所以，這種命題的基本性格便是一種可獨立於存在的記號體系。休姆關於「觀念的關係」之命題的觀念，對我們而言，是極爲有幫助的，雖然仍然有錯誤。關於這點，我們在以下的第二個小節中，關於數學知識之安排裡，會繼續加以申論。〔待續二十〕

〔STEPIV：質疑〕

因此，我們正不妨本著好奇心來考察，在感官的當下證據之外和記憶的記錄之外，足以對我們保證任何眞實存在和事實的成素的證據之本性爲何。這部份的哲學，很明顯地，無論古代或當代都很少爲人所注意。……它們或許不是沒用的，因爲它們正可以刺激起好奇心來，把爲害一切推論和自由探究的那種絕對的信念和防衛手段消滅掉。（《探究》p.26）

關於事實的成素的一切推論似乎都建立在因果關係上。只憑藉著這種關係，我們就可以超出我們記憶和感官的證據之外。你如果問一個人說，他爲什麼相信任何不存在的事實，例如，問他說，他爲什麼相信他的朋友是在國內或在法國；則他便會給你一個理由，這個理由又是別的一些事實，類如他接到他的朋友的一封信，或者知道他先前的決心和預告。一個人如果在荒島上找到一個錶或其他任何機器，則他會斷言説，從前那個島上一定有過人。關於事實的一切推論都是這種性質的。在這裡，我們總是假設，在現在的事實和由此推得的事實之間，必然有一種聯繫。（《探究》pp.26～27）

一切的推論都可以分爲兩類，證明的推論（demonstrative reasoning），即關於觀念之關係的推論；和或然的推論（moral reasoning），即關於事實的成素和存在的推論。在我們現在這種情形下（註：指前文提及的，對象和伴隨其後的結果，二者之間的聯結，是存在著一連串的推論過程呢，或僅是直覺地加以聯結？），似乎分明沒有可供推論的論證；因爲，自然的途徑是可能改變的，並不蘊涵矛盾，而且，一個我們似乎曾經經驗過的對象，也可能跟隨著不同或相反的結果來。難道我不能明白地、清晰地構想到：一個從雲中掉下來的物體，在各方面雖然都類似雪，可是它的味道像鹽，熱度如火嗎？我們難道不能説，一切的樹都在十二月和一月發榮，而在五、六月枯萎嗎？還有別的命題比這個命題更爲明白而可瞭解嗎？現在，凡是可以理解的和可以被清楚地構想的，都不蘊涵矛盾，也無法被任何證明的推論或先驗的抽象推論來將之證明爲假。（《探究》p.35）

註：我們要注意在以上的引言中，休姆指責有些哲學家先獨斷地認定某種曾發生過的原因與結果爲唯一的可能，然後再認定其爲一種必然的「因果律」，並將「矛盾」一詞的意謂設定爲：凡不符合「因果律」者，皆爲矛盾。

〔STEPV：破壞〕

我已經説過，關於實際存在的一切論證都是建立在因果關係上；而我們對於這種關係所有的知識又從經驗而來；而且我們一切經驗上的結論又都是依據「將來定和過去一致」的這一假設進行的。因此，我們如果努力用或然的論證，來證明最後這個假設的話，那分明是來回轉圈，而且把正在爭論中的事情早已視爲理所當然的了。……由似乎相似的原因，我們便期待有相似的結果。這就總括了一切我們的經驗結論。（《探究》pp.35～36）

我們如果相信這些原則，則在我們巡行各個圖書館時，將有多大的

> 破壞呢？我們如果用手拿起一本書來，例如神學或經院哲學的書，那我們就可以問，其中包含著數與量方面的任何抽象推論嗎？沒有。其中包含著關於事實的成素及存在的經驗推論嗎？沒有。那我們可以將之投於烈火之中，因爲它所包含的沒有別的，只是詭辯和幻想。(《探究》p.165)

註：我們要注意在以上的引言中，休姆否定任何得以獨立於經驗之外的因果必然連繫，若有聯繫，也僅是或然性的連繫而已。並將傳統所謂的「因果律」判之爲一種習慣性期待。所以凡是沒有經驗依據，並以「因果律」作爲當然的推論根據者，皆可焚燬。

〔STEPVI：建立〕

> 如果我們要想知道，使我們相信各種事實的那種證明，究竟有什麼本質，則我們必須研究，我們是如何得到因果知識的。
>
> 我可以大膽地提出一個沒有例外的普遍命題，即此種關係的知識是在任何例證之下都不是由先驗的推論得來的；這種知識之所以升起，完全是因爲我們根據經驗，看到某些特殊的對象是恆常地互相連結在一起的。……我們的理性如果不借助於經驗，則它無法對眞正的存在和事實的成素作出任何的推論。
>
> ……「因果之被人發現，不是憑藉於理性，而是憑藉於經驗。」……(《探究》pp.27～28)

> 只有經驗可以把因果的本質和範圍教給我們，使我們可以根據一件事物的存在來推測另一件事物的存在。或然性的推論，其基礎就是這樣的，就是這種推論形成了大部份的人類知識，並且是一切人類行爲的泉源。(《探究》p.164)

> 當我們問，「我們關於事實之成素的一切推論，其本質爲何？」則適當的答案似乎是說，它們是建立在因果關係上的。我們如果再問，「我們關於該關係的所有推論及結論，其基礎何在？」則我們可用一個字詞來回答：經驗。但我們如果仍然繼續我們的窮究癖好的話，又問，「由經驗而得的一切結論，其基礎爲何？」……我對這裡所提出的問題，只想給出一個否定的答覆。我可以說，在我們經驗到因果的作用之後，我們由那種經驗所得到的結論，並非建立在推論之上，亦非建立在理

解的任何過程之中。……我們必須承認，自然使我們遠離她的秘密，她只讓我們知道對象的少數性質：至於那些對象的作用所完全依據的那些能力和原則，自然都向我們隱藏了起來。(《探究》pp.32～33)

註：我們要注意在以上的引言中，休姆所眞正從事的，是把因果關係還原到一個眞實的基礎上，藉以制止哲學家的任意濫用字詞。

【PART2：休姆的理論困境】

休姆最著名的理論困境，在於有關「人格同一性」(personal identity)的主張上，

然而「自我」(self)或「人格」(person)不是任何一種印象，而是諸般印象所指涉者。如果任一印象產生自我觀念，則此印象需在我們整個生活過程中始終保持不變；因爲自我觀念就是在如此的態度下所被假設存在的。然而卻沒有印象是恆常不變的。疼痛與快樂，悲傷與愉悅，情感與感覺相互接續出現，而且絕不同時全部都存在。因此，自我觀念絕不能從任何印象導出；結果是，沒有此種觀念。……就我自己的經驗來說，當我以最親切的方式進入我所謂的自己(myself)時，我常碰上關於冷熱、光暗、愛恨、苦樂等個別的知覺。我永遠也不能夠不通過一知覺來掌握我自己，而且永遠只觀察到一個知覺，此外再無其他。……我可以大膽地爲其餘的人說，它們不過是一束或是一叢不同的知覺而已，這些知覺以一個異常的速度彼此相續，而且是在一恆常的流變及運動之中。(《人性論》pp.251～252)

心靈是某種劇場，形形色色的知覺在此前後出現；流逝，再流逝，滑過，湊合成無限花樣之姿態情狀。不管我們是如何自然地傾向於去想像有單一性和同一性，在其中，既沒有一刻之中的單一性，也沒有不同時刻之間的同一性。劇場的這個比喻絕不會誤導我們。它們只是相續的知覺，而這些相續的知覺就構成了心靈……(《人性論》p.259)

註：爲什麼我們說這是休姆的理論困境呢？那是因爲連休姆自己也對這個說法深感不安。但，當然，不安歸不安，休姆還是照樣過「他」的生活，絲毫不受影響。所以，這顯然只是一種理論上誤謬，而不是眞實的僵局，所以我才稱之爲一個理論困境。要注意的是：產生這個理論困境的癥結，是根源於休姆的知覺理論，與他對因果關係的批判沒有直接的關係。

現在，我們已經掌握了休姆之知識論的整體架構。嚴格說起來，休姆根本不該被指責爲懷疑論者！因爲從前文之中，我們已經很清晰地見到，其實休姆的眞正意圖，對哲學這門學問而言，完全是正面的，而且是積極的。對於這點，我們必須爲他的勇氣與眞誠加以喝采！我們怎麼能只爲了不能享受到立即的、現實上的利益，而去斥責那些偉大的拓荒者呢？除非我們壓根就無法瞭解到，他們所從事探究的，是如何地艱鉅與龐大，而且就正好針對著我們所深陷的泥沼，企圖給予最不可思議的援手。

眞正的問題出在兩個方面；首先，休姆雖然掙脫了因果律的束縛，但他馬上又陷入另外的，在西方哲學中，更遠爲古老，遠爲獨斷、霸道的「思想陷阱原型」（the archetype of trap of thought）之中（雖然休姆已經作了極強烈的掙扎，但仍然受到誤導）；另一方面則是，休姆的知覺理論架構，儘管清晰且似乎難以辯駁，然而，在事實上，距離眞相，還尚在半路中。

但是，無論如何，我們不該以成敗論英雄。休姆已經結結實實地爲我們鋪好了前半段的路，而沿著他的智慧，我們走到他的終點，下半段的路，這就正是我們的責任了！所以，以下我們的企圖就是，接續著休姆的工作，由他所停止的終點，繼續前進。

【PART3：對休姆之理論困境的疏解】

以下將分三個方面來進行疏解，圖示如下：

- 西方哲學中「思想陷阱原型」（the archetype of trap of thought）〔註13〕——對思想三定律的質疑
- 休姆的掙扎
- 對休姆之知覺理論的質疑

〔註13〕「原型」archetype是瑞士心理分析學家卡爾·容格（Carl G. Jung，1875～1961）的用語，容格以這個字詞來說明一種深藏於人類潛意識之下的原始意象（primordial images），這些原始意象的根源，來自遠古以來，人類代代相傳的古老記憶，因此，即使人類在表面意識中察覺不到它們的存在，但它們卻不斷地在人類的各種創作或行爲中以各種姿態出現。在這裡，我稱這三條「思想律」爲「思想陷阱原型」（the archetype of trap of thought），就是取其影響、陰影無所不在（一種如影隨形的夢魘），及其幾乎可被視作西方哲學家們潛意識中的意念原型之義。

〔西方哲學中「思想陷阱原型」
（the archetype of trap of thought）
——對思想三定律的質疑〕

在我們短暫地陷入休姆的哲學思想之後，我們現在要由其中抽身而出，回到原來所有我們對語言與眞理的瞭解上。

西方哲學中，柏拉圖和亞里斯多德，甚或更久遠以前的古代希臘哲學家，認定以下三條律則爲思想的最高憲法，凡是運用到觀念（idea）的所有過程都被涵蓋其內。

同一律（The Law of Identity）：
if a thing Ａ is Ａ, then it is Ａ, Ａ is Ａ.
矛盾律（The Law of Noncontradiction）：
a thing Ａ cannot be both Ａ and not Ａ.
排中律（The Law of Excluded）：
a thing Ａ is either Ａ or it is not Ａ.
〔註 14〕

而且，事實上，哲學家們就將這三條律則運用到存在的事事物物上；古代希臘哲學中伊利亞學派（The Eleatic School）的巴門尼德斯（Parmenides, 544?～501?B.C.）的著名斷簡：

To gar auto noein kai einai
思想和存在的一致性

和柏拉圖的將理念（idea）視爲唯一的眞實存在的說法，當然就和這個，從思想律則到存在律則的大膽的跳躍應用，脫不了干係。於是，這三條律則從此就奠立了它們不可動搖的地位。而現在，我要正式宣稱它們爲西方哲學中的「思想陷阱原型」（the archetype of trap of thought），並徹底地將它們驅逐出眞實存在的範圍。

首先要聲明的，這是一個得自於索緒爾的靈感。〔註 15〕索緒爾認爲，「語言是一種分類原則」（請參考第一章註解 44 中的說明）。若僅就記號的部份來

〔註 14〕引自 *Dictionary of Philosophy*, by Peter A. Angeles, Harper & Row, New York, 1981, p.153。

〔註 15〕而我第一次聽到這個靈感的具體陳述，又來自於一位經常和我一起討論哲學的傑出同學曾若愚的口中。我認爲這個發現，必須完全歸功於他的啓迪。

看，我們可以說：

語言系統是一種記號的分類原則

也就是說，當人類使用聲音或形象記號（和將它們加以組織的文法結構）來傳遞他所希望表達的「義」的時候，爲了「便於使用」的先天需求，他期望在最經濟、而又不至於混淆的原則下，來發展他的表達工具，

> 想想工具箱裡的工具，有鎚子、鉗子、螺絲起子、規尺、熔膠鍋、膠、釘子和螺絲。（字詞之功能像這些工具的功能一樣，各不相同）。（這些字詞之間或這些工具之間，彼此皆有類似點。）（PI11）

註：維根斯坦也在這裡提供了莫大的幫助

然後，我們再仔細地來觀察所謂的思想三定律：

同一律（The Law of Identity）：
if a thing A is A, then it is A, A is A.
矛盾律（The Law of Noncontradiction）：
a thing A cannot be both A and not A.
排中律（The Law of Excluded）：
a thing A is either A or it is not A.

我們會發現，如果我們將 a thing（一事物）改爲 a sign（一記號）的話，那才是眞正還給這三條無辜的律則一個幾千年來的清白。

我想，由我們從這篇論文的一開始，一直到目前的所有說明，應該就已經足夠爲這個全新意見作最強而有力的證明了，我無需再多作解釋。

〔休姆的掙扎〕

> 因爲在此命題「一對象是同它自己相同的」之中，如果「對象」一詞所表達的觀念與「它自己」一詞所表達的觀念完全沒有分別的話；我們眞的是無所意謂（mean nothing）的，而且，此一命題也就沒有包含著一謂詞和一主詞所組成的斷言（affirmation），一個單一的對象只表達了「統一」的觀念，而非「同一」的觀念。（《人性論》p.200）

> 因此，同一性的原則，只不過是任何對象，在經過一個假設的變動時間之後的不變性和不中斷性而已（註：相對於眞實知覺的時時變動、時時中斷而言），而這些都可以讓心靈，在勿需打斷任何觀察，

和勿需被迫形成多數或數的觀念之下，在它自己不同時段的存在當中對之加以追縱。(《人性論》p.201)

我們賦與人類心靈的同一性只不過是一個虛構的同一性，……由一個想像力的運作而來…(《人性論》p.259)

由以上三段引言，我們可以很清楚地看出，休姆事實上已經否定了所謂的「同一」觀念，不但在記號使用原則上，而且也否定其在眞實存在方面上的誤用。

但儘管如此，休姆仍然只達成「破壞」的工作，因爲，事實是，他使用了一個「尚未完成的理論」來批駁原本就是錯誤的觀念；但由於他的理論尚有極大的瑕疵，所以，這個批駁的強大效果及正確性，就在他對他的理論的無法自圓其說的狀況之下，完全被抵消掉了。而世人，一來頑固地堅守長久以來的錯誤迷思，二來無法眞切地瞭解休姆的眞正意圖，所以，最簡便的方法，就是將休姆視爲懷疑論者，用以表彰和暗中竊喜，他的，功敗垂成。

〔對休姆之知覺理論的質疑〕

現在，我將帶領諸位回到休姆的知覺理論之中，並明白地指出，此理論之尚未完成，或含有重大瑕疵的癥結所在。

現在，讓我們再回頭看看休姆的知覺理論：

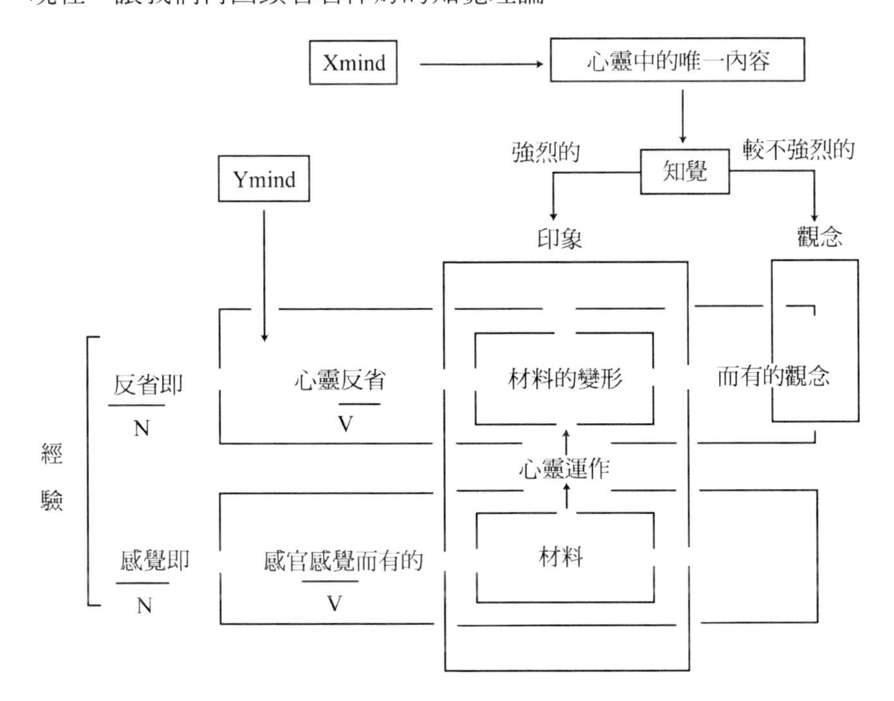

請注意上圖中左上角，我新標示出來的Xmind 和Ymind。休姆的知覺理論的漏洞就在於：

休姆並沒有意識到這兩個心靈是不相同的。

爲什麼呢？

請注意休姆所強調過的一個比喻：

> 心靈是某種劇場，形形色色的知覺在此前後出現：流逝，再流逝，滑過，湊合成無限花樣之姿態情狀。不管我們是如何自然地傾向於去想像有單一性和同一性，在其中，既沒有一刻之中的單一性，也沒有不同時刻之間的同一性。劇場的這個比喻絕不會誤導我們。它們只是相續的知覺，而這些相續的知覺就構成了心靈……（《人性論》p.253）

這段引文中的心靈是「Xmind」，它是一個知覺於其間來來去去的，猶如劇場般的——「場所」。

但，我們要質問休姆：

假如心靈眞的，只不過是一處可以容我們觀察到知覺來來去去的場所（不管是有形或無形的）的話，那它如何可能，擁有如你所賦與「Ymind」一般的主動反省能力呢？還有那些你所曾宣稱過的想像力、聯想力，又該如何解釋其來由呢？

此刻，我可以想像得到休姆沉默無語的神情。

二

現在，我們就要直接地來替休姆解決這個理論困境。請注意以下圖示：

【「心」模型】“The Model of Mind”

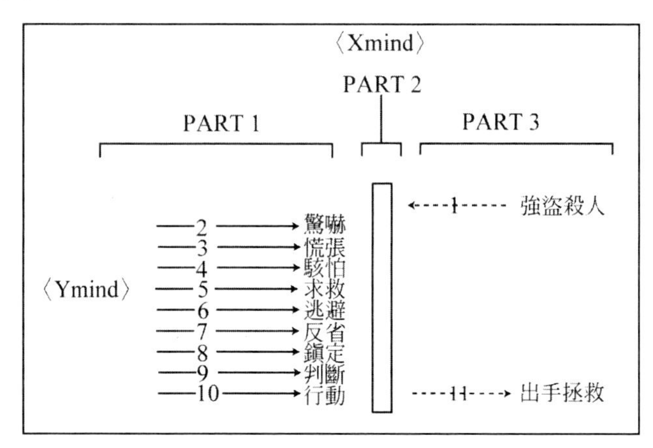

〔故事大要〕

上圖所呈現的，是一個強盜殺人事件發生的當下，在某人心靈中所進行的可能過程。依時間先後，由某人目睹強盜殺人，到他決定出手拯救爲止，共分爲十一個步驟。

〔簡單說明〕

1. PART3 是某人感官之外所發生者。PART1 和ＰPART2 是感官之內所發生者。
2. PART3 可視爲外在世界。PART2 是休姆所說的心靈劇場〈Ｘmind〉，即知覺顯現的場所。

（註：亦即洛克所謂的"人心如白板"者）

注意：休姆所謂包含於知覺之中的「觀念」，經過我們對語言之本質的瞭解之後，已經可以被理解爲，「義」所獲得的記號表式。因此，我們可以將可能出現於〈Ｘmind〉之中的內容，決定爲，只有印象。

PART1 可視爲〈Ｙmind〉的所在。

3. PART1 和 PART2 可視爲完整的「心靈」MIND。即：

MIND＝〈Xmind〉＋〈Ymind〉
「心」　「外心」　　「內心」

4. 〈Ｙmind〉即「自我」、「我」所指謂者。
5. 這個〔「心」模型〕所呈顯的，就是人類認知和理解的唯一途徑。

〔詳細說明〕

〔破壞〕

我們要注意到，若照休姆原來的說法，任何能夠在人心中出現的，都是知覺；而知覺包含著兩個部份，印象與觀念；觀念乃是由對印象或印象之變形的反省而來，熱情（passion）是次生印象或對印象的反省，最後，這一切的根源只有一個，那就是感官。但我們要指出的是，前面休姆所敘述的，只說明了「材料」（material）和材料之各種變形，之間的所有轉換的來龍去脈，猶如：

Ａ←Ｂ←Ｃ←Ｄ←Ｅ……

但休姆壓根就忽略了，對以上諸材料，造成、促使、安排、轉換、升起、反省……等等的「能動的力量」究竟來自那裡？所以，很清楚地，由於這個致命的忽略，造成休姆只得出一個〈Xmind〉(能容的心靈)，可是那個(能動的心靈)〈Ymind〉在哪裡呢？

〔建立〕

要注意的是，我們只是觀察到某種休姆所漏失掉的能動的力量，然後，再用一個語詞〈Ymind〉來標示它，以便於和其他的記號區分開來。
再一次強調！

〈Ymind〉只是一個知覺的來源，一個我們一般所說的「起心動念」的根據。(註：猶如天文學家所發現的「黑洞」(blackholes)一般，天文學家只能觀察到它所產生的效果，但仍無法瞭解其原因。這也應該是我們對〈Ymind〉目前的當然態度。)

猶如牛頓發現所謂的「萬有引力」之後，人們對於這種X，唯一能作的只是，儘可能地去觀察它，儘可能地去瞭解它是如何在它所有的適用範圍之中運作的；它能作什麼？它造成什麼？我們如何影響它？如何促生它？也猶如心理學家、人類學家或社會學家對「人」所展開的所有研究與實驗一般；也猶如生物學家、生理學家對「人」的觀察一般。

我們問，「人」只是個機械嗎？爲什麼這個機械居然可以「自己」選擇「它」的動作與效果呢？他的引擎是心臟嗎？是什麼讓心臟跳動的？那心臟爲什麼會停止呢？是因爲，心臟的動力停止供應能量了嗎？那心臟的動力又是什麼呢？

在這裡，我們補充了經驗論者的理論，但我們也要制止理性論者的妄想。材料的確只能由經驗而來，然而，「人類」的種種行爲舉止，並不僅僅是材料的隨機排列而有，的確存在著一個安排這些材料的動力根據。並且，由這個動力根據所可能生發的作用，遠遠超過牛頓所發現之「萬有引力」的簡單作用(物理學中「力學」部份的研究對象)。

現在，我們可以更進一步地來說明整個「心靈」MIND的大概結構(註：請注意「指月句法」)。

> 「心靈」可分爲兩層；外層，是〈Xmind〉所代表的，可被觀察一切知覺的場所；內層，就是〈Ymind〉所代表的，一切意念的來源或根據；

現在，讓我們來比較一下，我們在第二章第一節的最後所得到的禪宗眞理的圖示：

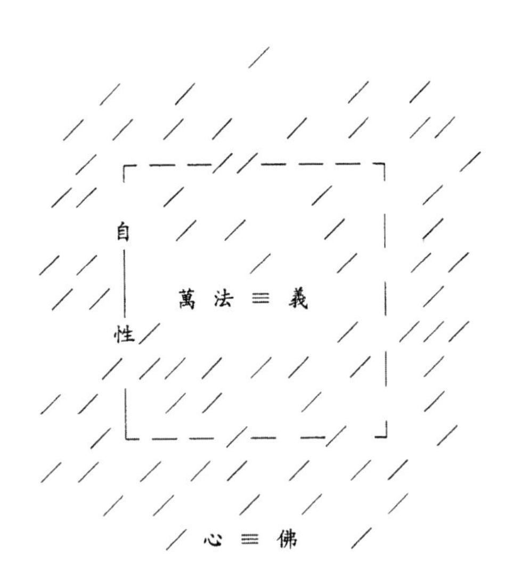

註：請試著想像，將此圖在空間座標中，平行旋轉九十度。

《壇經》〈決疑品第三〉：

大眾，世人自身是城，眼耳鼻舌是門；外有五門，內有意門。心是地，性是王，王居心地之上；性在王在，性去王無；性在身心存，性去身心壞，佛向性中作，莫向身外求。自性迷，即是眾生；自性覺，即是佛。

《壇經》〈般若品第二〉：

善知識，自性能含萬法是大，萬法在諸人性中。

《壇經》〈定慧品第四〉：

……故此法門，立無念爲宗。善知識，無者無何事？念者念何物？無者，無二相，無諸塵勞之心；念者，念眞如本性。眞如即是念之體，念即是眞如之用。眞如自性起念，非眼耳鼻舌能念。眞如有性，所以起念。眞如若無，眼耳色身當時即壞。善知識，眞如自性起念；六根雖有見聞覺知，不染萬境，而眞性常自在。故經云：「能善分別諸法相，於第一義不動。」

注意：經書中的「心」字有廣義與狹義之分；廣義者，即MIND的整體；狹義者，即〈Xmind〉，指可以讓我們觀看自心萬念之所；「自性」一字亦有廣、狹之分，廣義者，即MIND的整體；狹義者，即〈Ymind〉，指能動的心靈。

現在，「經驗」是什麼？經驗顯然並非只是材料之雜多（mass）的任意堆疊，而是被整理過了的意見、情緒或感覺等等，那又是什麼在從事這個整理的工作呢？所以，就必須要有一個能動的某事物（something）來參與經驗之形成的決定性裁決與安排。並且，要注意的是，這些裁決與安排的工作，根本不是存在於〈Xmind〉之處，〈Xmind〉只不過是這些裁決與安排之工作的成果展示場，所以，我們在日常的語言陳述中，關於「經驗」此一名詞的動詞，只會是「我有（had, got）……」，而不是「我造成（made, created, ……）……」，那是因爲，人們共同的經驗都是一樣的，當我們回想一件曾經歷過的事件，並以語言表達出來的時候，我們往往只是「就這麼把腦海中的想法（經考慮過後）說出來」，那那些「腦海中的想法」又是怎麼來的呢？「就是浮現出來的嘛！」人們說。所以，我們所謂之「經驗」的眞正身份，應該就是「義」。

現在，所謂的「義」（心靈狀態（state of mind）、感覺（feeling）或意欲（intention）），只能是位於〈Ymind〉或來自〈Ymind〉的；因爲，我們只能在〈Xmind〉處發現所有的影像（例如：回憶兒時的往事）和所有無聲的語言（例如：我們在心默念一首詩）。也就是說，〈Xmind〉只是一個類如電腦終端機般的螢光幕，我們在螢光幕上所能見到的，只有兩種內容：一種是我們輸入的任何資料或聯結攝（錄）影機所播放出來的影像（例如，一個人透過感官所接收的一切印象）；一種是透過軟體操作之後的結果（例如，目睹強盜殺人之後，所產生的一連串心念）。

那什麼是「物質」呢？存在著所謂的「實體」嗎？經由我們以上的理解，事實上，它們不過是「自心現量」；

《楞伽經》卷二：

> 云何智者即彼惑亂，起佛乘種性？謂覺自心現量，外性非性，不妄想相，起佛乘種性，是名即彼惑亂，起佛乘種性。……大慧！說幻相自性相，爲離性自性相故。墮愚夫惡見相希望，不知自心現量，壞因所作生，緣自性相計著。說幻夢自性相一切法，不令愚夫惡見，希望計著，自及他一切法，如實處見，作不正論。大慧！如實處見一切法者，謂超自心現量。……

想想看，人們說：「休姆不但否認『物質實體』，而且還揚棄了『精神實體』。」讓我們考慮一下人們所謂的「實體」一詞的意謂；曾經有過任何能夠超出他的心靈之外的人嗎？假如沒有的話，那所謂的「存在」、「物質」、「實體」、「世界」等等記號所指涉的對象，會有可能是如一般觀念中的具有「不可入性」

和「擴延性」的「東西」嗎？可見得，所有那些所曾賦與給「物質」或「實體」的諸性質，不過都是來自於人類對他心靈中之內容的各式形容詞和擅自加添的妄想而已。

但可能又有人會恐慌地說：「天啊！假如這一切都不是眞實的，那人類豈不活在空虛之中？」這剛好又是人們的另一個妄想；想想看，這個人此刻心中的妄想是什麼？他的想法如下：「假如『物質』、『實體』是『有的』，那我就可以看到它們、摸到它們、聞到它們、使用它們；但假如它們一被宣稱爲是『沒有的』之後，那我不就無法看到它們、摸到它們、聞到它們、使用它們了嗎？」這根本是一個大大的誤置（misplacement），因爲，人們在一開始的時候，就把原本的「ㄅ」誤視爲「A」，之後，當我們跟他們說，這不是「A」的時候，人們就開始驚慌失措，而且還硬要替他們所本以爲的「A」來拼命找出藉口，甚或反過來攻擊那個告訴他們眞相的人，想想休姆和維根斯坦的下場就知道了。

《壇經》〈咐囑品第十〉：

> ……吾今教汝說法，不失本宗。先須舉三科法門，動用三十六對，出沒即離兩邊，說一切法，莫離自性。忽有人問汝法，出語盡雙，皆取對法，來去相因。究竟三法盡除，更無去處。……語與法對、有與無對、有色與無色對、……色與空對……凡與聖對……師言：「此三十六對法，若解用，即道貫一切經典，出入即離兩邊。自性動用，共人言語，外於相離相、內與空離空。若全著相，即長邪念；若全執空，即長無明。執空之人有謗經，直言不用文字，人亦不合語言；只此語言，便是文字之相。又云直道不立文字，即此不立兩字，亦是文字。見人所說，便即謗他言著文字。汝等需知自迷猶可，又謗佛經。不要謗經，罪障無數。若著相於外，而作法求眞，或廣立道場，說有無之過患，如是之人，累劫不可見性。但聽依法修行，又莫百物不思，而於道性窒礙。若聽說不修，令人反生邪念。但依法修行，無注相法施。汝等若悟，依此說、依此用、依此行、依此作，即不失本宗。若有人問汝義，問有將無對，問無將有對，問凡以聖對，問聖以凡對，二道相因，生中道義。如一問一對，餘問亦依此作，即不失理也。設有人問，何名爲暗？答云明是因，暗是緣，明沒則暗，以明顯暗，以暗顯明。來去相因，成中道義，餘問皆悉如

此。汝等於後傳法，依此轉相教授，勿失宗旨。

我想，現在更清楚了，六祖的意思正是：問「A」以「－A」對，問「－A」以「A」對。反正問到最後，全部都問完了，就「有可能」悟到：咦！搞不好不是「A」，也不是「－A」哦！會不會是其他的？會不會是「ㄅ」或「ㄆ」或「ㄇ」或「ㄈ」或……？這時，六祖會告訴你：不要再妄想了！難道你苦頭吃得還不夠多嗎？你必須親自去修行之後，才能眞正體悟到那個秘密。

最後，是否存在著如康德（Immanuel Kant, 1724～1804）所謂的「物自體」（thing-in-itself）呢？康德認爲，我們的感官只具有一種受納性（receptivity），所以經由感官受納進來的就只是現象（phenomenon），而那外於感官的，就是「物自體」了。依據我們的〔「心」模型〕，所謂的「物自體」就只可能出現在 PART3 了。但是，依據世尊「三法印」（諸行無常，諸法無我，涅槃寂靜）中「諸行無常，諸法無我」的教訓，一切的事事物物都隨時在遷變之中，而且都終歸幻滅，根本沒有任何所謂的可以固定不變的事物，所以這些事事物物也就沒有各自的自性「我」的存在。這當然也可以支持休姆對「同一性」的批駁，所謂的「物體」或「實體」，都是一種人們妄生的想像，想像它們歷經一段時間而無所改變。因此，我想，我們最妥當的作法，應該是給予所謂的「物自體」，此一名詞一個新的定義：

「物自體」：即刺激感官的原因。

然後，讓我們再想想看，假設你的朋友打你一拳，你覺得痛，那究竟是什麼在操縱你們這兩個隨時遷變的身體的呢？什麼才是那個刺激你們兩人的觸感的原因呢？在這裡，我必須鼓起我全部的勇氣來說：

就是所謂的〈Ymind〉。

因爲一切都只能來自於它，從它而有。我想，倘若要我更進一步的來解釋這一點的話，我必須承認，那是遠遠超出我的能力之外的。

所以，現在，我想，一切應該就眞相大白了。首先，〔「心」模型〕所呈顯的，就是人類認知和理解的唯一途徑。其次，這個〔「心」模型〕的眞正重點，是那個我們所謂的〈Ymind〉或「眞知自性」或「軟體」；而所謂的「心靈劇場」或〈Xmind〉或「螢光幕」，就只是一個外層的機構（mechanism）。〔註 16〕所以，哲學家所應該關心的，應該是那位於其內的〈Ymind〉的究竟

〔註 16〕「機構」mechanism 一詞取自心理學中由佛洛依德（S. Freud, 1856～1939）所創立之精神分析學派中的用語。原本是「自衛機轉」defensemachanism，指人

眞相爲何。

最後，我必須解釋一下，什麼是我所謂的「世界哲學」？我打算將「世界哲學」一詞用來指稱：東、西哲學經融合後的一種，全人類文明均能適用的學問；也就是，足以涵容東西方文明，併於一爐而冶之的世界文明。我的願望是，或許我們能夠透過一個哲學知識論上的突破，來融合東西方文明的智慧，互相截長補短地來改善人類的處境。

在進行到下一節之前，既然我們已經明瞭了知識論的核心，即知覺理論的底蘊，那我們就可以先回過頭來對諸種知識，作一個妥善的安排，也算對休姆作一個兩百多年後的回應。

三

現在，我們要順著上一小節的線索來瞭解，究竟什麼是知識（knowledge）？

以下將分爲三個部分，圖示如下：

- PART1：什麼是知識？
- PART2：知識的來源
- PART3：數學知識的本質探討與邏輯迷思

【PART1：什麼是知識？】

哲學字典上的解釋：〔註 17〕

KNOWLEDGE.

1. Recognition of something.
   對事物的認知。
2. Familiarity or acquaintance with some thing from actual experience.
   從實際經驗中熟悉或認識某事物。

爲了逃避痛苦，而將該痛苦轉化成其他情緒或行爲的現象。此處，我將其中文譯名改爲「機構」，是爲了取其爲一種心理的結構，且是外在世界與內在世界之中介點之義。又，此用法原本也是 mechanism 一詞的慣用義。
又，所謂的〈Xmind〉，若依心理學的角度來理解的話，它應該就是所謂之人類的「表面意識」，因爲它的內容都是我們可以知覺得到的，而〈Ymind〉就可被視爲是人類的「潛意識」，一種實際上參與、影響著我們，卻不爲我們所意識得到的力量來源。

〔註 17〕同註 14，p.142。

3. That which is learned.
被學習者。
4. Clear perception of what is regarded as fact.
對於被視爲事實者之清晰的知覺。
5. Information and/or learning that is preserved and continued by civilization.
被文明保存和延續下來的資訊和／或學問。
6. Things had in CONSCIOUSNESS (beliefs, ideas, facts, images, concepts, notions, opinions) that become justified in someway and the-reby are regarded as true.
曾出現於意識中，而可被某種方式證實且被視爲眞實的諸事物（信仰、概念、事實、影像、觀念、想法、意見）。

普通英語詞典的解釋：〔註 18〕

KNOWLEDGE

1. understanding.
理解。
2. Familiarity gained by experience; range of information.
經由經驗而得之熟習；資訊的鋪排。

諸位要記得，詞典的字義解釋所能夠提供給我們的，不過是一個模糊的輪廓，人們學習任何外國語言，主要摹仿的，還是以例句爲主，更好的方式當然是在實際生活直接地運用。因爲除了字詞意謂之外，語言系統還包含著文法結構，及這個結構的種種恰當的運用時機。所以，經常會有人知道整個句子中每一個字詞的意謂，但卻無法瞭解整個句子的意謂；也有整個句子的意謂對他而言是清楚的，可是卻無法理解這個句子在整段中的意謂，而看完了全篇之後，卻莫明其所以然者，更比比皆是。

這就可以使我們警覺到，所謂的「知識」，難道會只是一種類如統一發票上所登載的金額明細嗎？當然不是！可是問題就在於：

我們對於日常語言中「知識」一詞的使用是非常寬鬆的，人們往往是不加思索地就接受各式各樣的「知識」，特別是來自一些所謂的「權威人士」時。

在這一點上，哲學家的確就可以發揮他們的所長，來適度地提醒人們的

〔註 18〕《牛津英英、英漢雙解字典》，東華書局出版，臺北，1978，第十一版，p.588。

執迷。

所以，爲了要對所謂的「知識」有一個清晰的視野，我們不妨先將「知識」視爲一種「語句陳述」（statements），並視詞典中的條例說明爲此語句陳述的各種界域。

【PART2：知識的來源】

接著，我們就要來瞭解一下，我們究竟是如何獲得這種「語句陳述」的？這種「語句陳述」的內容究竟來自於何處？

一般哲學中的說法是，主要來自於感官的直覺（intuition）與理性（reason），當然，以往的哲學家已經在這方面作過很多的陳述了。但，我認爲，我們不應該再陷入以往的迷魂陣仗之中，我們不妨站在我們目前所發現的新基礎上，來對這個問題作一個全新的審視，看看我們是否能夠得到一些較以往的說法更爲恰當的理解。

現在，讓我們再來回顧一下〔「心」模型〕：

（爲了解說方便，我們可以作一些局部的放大）

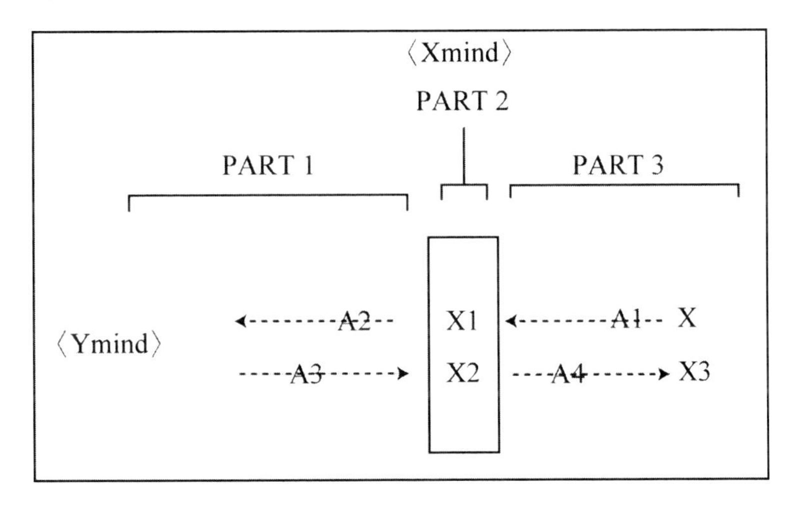

〔說明〕

1. 箭號A1，A2，A3，A4代表著異質的傳遞內容；整個過程猶如一種篩選步驟，由〈Ymind〉決定篩選的諸條件。
2. 此處的〈Ymind〉亦可稱之爲「內在目的」，取其主控全部過程之義。
3. X1和X2代表異質的知覺內容；X和X3代表著異質的外在行爲。

依據我們前一小節中的瞭解，我想，我可以直接地來陳述我的意見：

「直覺」V.就是由X、A1、X1、A2、A3到X2的完整過程。

N.就是，

1. 指能夠完成上述過程的一種能力，即由〈Ymind〉所生發者。

2. 就其內容來說，就是X2；或是經「理性」轉換過後的X3。

「理性」N.就是，將X2轉換爲X3（行爲）的能力。亦爲隸屬於〈Ymind〉的能力之一。

V.可以不必考慮。（因爲只是一種形容用法，指謂推論、說明、判斷、思考等過程。）

注意：

1. 所謂的「轉換」，除了單純的將X2翻譯爲X3之外，在翻譯的過程中，還包含著對X2和X3的安排、整理、檢擇與控制。而這些「安排、整理、檢擇、控制」的依據，有兩個來源；

   其一，來自〈Ymind〉；

   其二，來自於某人生活於其中之社會、文化的半強制性規範，此半強制性的規範又源於生存的必需，或個人與團體間之成文或不成文的種種條件互換之規約。

2. 而這些「安排、整理、檢擇、控制」的第二種來源，通常是一種透過學習而學會的操作能力。

   例如：透過語言訓練，而學會以語言來表達欲望。但並非所有的欲望都被允許隨意、隨時地表達，所以，一個人，一方面要從PART2中安排、整理、檢擇、控制出可被接受的X2（感覺或欲望）；另一方面又要在PART3中安排、整理、檢擇、控制出恰當的X3（得體、合理的話語）來。〔註19〕

〔註19〕如此我們就可以瞭解到，所謂的「有理性的行爲」、「缺乏理性的行爲」或「精神正常」、「精神不正常」的眞正標準；因爲通常以上這些行爲標籤的唯一標

3. 我們一般所謂的「理解錯誤」、「表達錯誤」或「判斷錯誤」，就是發生在這個「轉換」的過程。（我們沒有任何權力去指責別人「直覺錯誤」或「直覺力太差」，因爲直覺的整個過程來自〈Ymind〉的主控，而每個人的〈Ymind〉，是任何他人的表面意見所無法跨越的；因爲〈Ymind〉享有最完整的自主權。）
4. 然而，經常發生的悲劇是，這些所謂的「安排、整理、檢擇、控制」，最後都可能會因爲種種原因：過度安逸、情緒因素、缺乏反省、習慣、社會禮教的不當壓抑等等，而變成一種機械式的反應，這在〔「心」模型〕上，我們會看到由X、A1、X1、A2、A3、X2、A4，一直到X3，形成了一個僵化的、帶著自我強迫性的不變的迴圈。於是，我們就說一個人喪失了可能性、不知道變通、僵化或麻木不仁。〔註20〕

現在，有所謂的「先天或天生」（innate）或「先驗」（apriori）的知識嗎？其實經驗主義和理性主義此一爭論的膠著點是在於，究竟「經驗是什麼？」

依據我們在上一小節的瞭解，經驗的眞正身份是「義」，而「義」又只能是存在於PART1的〈Ymind〉處。諸位要注意到一點，雖然我們在解說〔「心」模型〕的時候，通常都是先由PART3的一個箭頭開始，可是，這並不表示所有的箭頭就必須只能從PART3來，那有沒有直接來自PART1的呢？當然有！因爲〈Ymind〉是完全主動、自主的，否則它如何去掌控這所有的過程呢？只是在最後的步驟上，因爲受限於我們的肉體生存和表達方式的限制，所以都必須透過理性來作翻譯的工作，以我們經由語言學習、行爲模仿得來的一整套行爲模式來操作。

《壇經》〈定慧品第四〉：

> 眞如自性起念，非眼耳鼻舌能念。眞如有性，所以起念。眞如若無，眼耳色身當時即壞。善知識，眞如自性起念；六根雖有見聞覺知，不染萬境，而眞性常自在。故經云：「能善分別諸法相，於第一義不動。

準，就是「合乎常人之所爲」，凡是「異於常人之所爲」的諸行爲就會被判定爲是「失常的」。基本上，這種分判是一種基礎非常薄弱的分類，因此，也就非常易於被利用來套在各式各樣的目的之上，因而造成許許多多的悲劇來。

〔註20〕這種僵化或麻木不仁的「人」，就正好是行爲心理學派的心理學家們的「最佳」實驗對象。因爲，行爲心理學派的心理學家們「所要的」「人」就是一個如同機械般，一個刺激，一個反應的「物體」，頂多這個機械的「功能」異常複雜而已。這當然也是一個悲劇。

因此，依據我們現有的瞭解，我認爲經驗主義和理性主義的這些爭端，其實都是可以取消的。因爲他們原本就都是站在一個莫須有的基礎之上。

以上就是我們從這個理解的新基礎上所獲得的成果。而關於知識之正確與否，或是否爲人所接受的原因，就會牽涉到所謂的眞理之判定的根據，而那正是我們在下一節之中的主題。但在進行至對眞理的探討之前，我們還必須來處理一下數學與邏輯的問題。

【PART3：數學知識的本質探討與邏輯迷思】

那麼，「數學知識」代表著什麼呢？它是不是一種永恆的存在呢？是不是一種唯一的眞知識呢？

以下我們要來考慮一個對數學知識之本質的簡單意見。首先我們先來看看索緒爾的兩段引文：

> 語言是一種表達觀念的記號系統，因此，它可以比之於文字、聾啞人的字母、象徵儀式、禮節形式、軍用信號等等系統。但是，它是這些系統當中最重要的。〔註21〕

> 事實上，一個社會所接受的任何表達手段，原則上都是以集體習慣，或也可以說，以約定俗成爲基礎的……所以我們可以說，完全任意的記號比其他記號更能實現記號學之方法的理想；這就是爲什麼語言這種最複雜、最廣泛的表達系統，同時也是最富有特點的表達系統。正在這個意義上，語言學可以成爲整個記號學中的典範，儘管語言也不過是一種特殊的記號學系統而已。〔註22〕

我以爲，「數學知識」也是一種表達觀念的記號系統，而且，也僅僅是一種特殊的記號學系統而已。甚至當我們拿數學的記號系統，就著記號學的方法來和語言系統作比較的時候，我們都很輕易地可以比較得出，當然是語言系統要遠超出許多。

我的理由何在呢？請諸位回想一下，我們在前一節第二小節中所提及的英國數學家棣美弗所發現的複數三角式，

$(\cos\theta + \tau\sin\theta)^{\eta} = (\cos\eta\theta + \tau\sin\eta\theta)$

和關於 τ 是一個虛幻的單位，它是數學家爲了要提供二次方程式一個完

〔註21〕同第一章註19。
〔註22〕同第一章註1，p.68。

全的理論，而實數場卻無法提供任何一個實數來滿足以下這個簡單的方程式：

$X^2=-1$，所以數學家就虛構出一個符號τ，並設定$\tau^2=-1$，然後，數學家又要求，τ被視同爲一個實數，並擁有和一切實數相同的運算規則，接著，全新的「複數」的定義被進一步地設定出來，於是，實數場擴大了；而且所有的二次方程式也都有解了。最後的結局是，有人爲複數的運算提供了簡單的幾何上的解釋，因而使得後來，複數在數學和物理學的應用上變得極爲重要。

想想看，這個過程像不像：卯釘或鐵釘長久以來都無法滿足某種更穩固的接合狀態，自從有人發明了螺絲與螺帽，後來並有人實驗出螺絲材質和螺絲圈數的最佳比例之後，終於，工匠們可使用螺絲來解決卯釘或鐵釘所無法達成的工作，之後，螺絲在工業文明的創建上，扮演了無比重要的角色。

沒有人會去懷疑τ^2是否等於-1，也沒有人會去懷疑螺絲爲什麼不是方的，因爲它們都是一種工具，而工具在被設計的一開始，就已經事先設定好它的用途，所以，它們的形式完全是依照著一定的目的造成的。所以，不去詢問它們的用途，而光去質疑它們爲什麼不長成別的樣子，是很無聊的。除非我們想要瞭解它們最初被設計時的動機和原理。

現在，數學就是這樣的一種人類所使用的記號工具。人類拿數學來達成他們的目的，不管是作現實生活中的運用，或是純粹想要解決一個人類所設想出來的數學難題。

但是，我們現在碰到的是一些崇拜形式的狂熱份子，他們看到了龐大、恢宏的數學體系中的每個份子，似乎都是如此完美地結合在一起，而且似乎都可以作某種遠近程度的遞衍，於是，他們開始幻想，數學體系可能是一種從所未有的「完美存有」，他們開始想要透過演繹的方式，來將數學體系中所有份子，更完美地結合起來，希望終於能使它們沒有矛盾地、完美地成爲一個整體。它們最後的理想是去告訴他們的學生：「一切曾有過的數學，甚至是未來可能存在的，都已經包含在這個經演繹出來的完美存在中。拋開你們愚蠢、原始的直覺吧！那是原始人才運用的簡陋工具。」

然後有一些哲學家加入了他們的陣營，他們希望透過數學所已達到規模，來幫助發展邏輯的簡陋形式。但逐漸地，因爲某些數學家也找不到數學的基礎，於是他們轉而向哲學家求助，希望能藉著邏輯（一種思想的無上律法）的威權，來爲數學的推理提供一個邏輯上的基礎。而這場鬧戲最後的下場是，不了了之。

我想，各種記號系統的出現，永遠只有一個相同的目的，那就是爲了使用。那些數學家顯然遺忘了在整個數學的發展過程中，所有的記號都是事先經設定過的，因此，當我們回過頭去綜觀它或企圖去整理它的時候，當然會形成一個貌似的整體來。

這就猶如人們可能爲了達成某個艱鉅且歷時好幾百年的工程，例如：在月球上建造一個類如地球的工業環境，又由於月球上的各種物理條件都和地球不同，譬如，重力只有地球的六分之一，於是所有可以在月球上適用的工具，在重量上，都配合著這個條件而被設計出來，各種各式的目的需要被完成，因此，各種各式的工具也就被設計出來，而且爲了互相在功能上的相容，很可能在規格上、形式上也都儘量和其他的工具相配合、相調整。於是一切的人類智慧都被緊密地編織入一個又一個的工具中，一切的發展也都在沉默中進行，經過好幾百年之後，許多人死去了，他們所遺留下的工具，都被人們理所當然地使用著，或爲了更好的理由而被修改。直到後來，有一個人，突然想把所有的工具都排出來觀賞、比較，他「居然發現」，所有的工具「竟然都是存在著某種不可思議的完美關係」，他開始展開一種後設的解釋，希望可以將這所有的工具歸納在一個系統之下，他發現，他果然可以造出一個近似的簡單規模來，而且他還可以透過經整理後的工具系統來解決一些以前所無法解決的工作難題，於是他就宣稱，今後一切的工具都只要從這些規則來繼續發展就可以了，這個工具系統才是最完美的存在，因爲，它們決不會在使用中，相互矛盾。

以上的例子提供了一個「倒果爲因」的最佳範例。更何況，依照我們目前的瞭解，邏輯不過是語言系統之下的一個記號使用原則而已，它所能涵蓋者，除了記號，還是記號。邏輯又如何能提供數學任何基礎呢？

而那些哲學家就更該打了！他們根本就沒有搞清楚人類究竟是如何使用語言來作推論的，前面我們已經介紹過休姆對推論之判定的唯一根據只能來自於經驗，而我們又已經進一步地瞭解了「經驗」一詞的眞正意謂。所以，以我們現在的基礎來看這整個事件，我想，我們應該感到慶幸的，因爲，總算捱過這些不堪的過程了。

第三節　兩種眞理形態——「符應形態」與「根據形態」

在這一節中，我們將分爲三個部份，來繼續深入眞理的本質探討。

第一個部份，

兩種眞理形態，

┌「符應形態」的眞理
（The Truth of Corresspondng Form）
└「根據形態」的眞理
（The Truth of Root-Form）

第二個部份，

「根據形態」之眞理的二層裁斷途徑

┌瞭解
└實踐

第三個部份，

「眞理」之本質的最終結論

一

首先，延續著上一節我們對認知過程的瞭解，讓我們來考慮一下，奠立於這個理解的新基礎上，「眞理」是什麼？「眞理」可以是什麼？

請注意！

索緒爾曾說過：「我是對事物下定義，而不是對詞下定義。」所以，我們在此處的用意，並非獨斷地對詞加以界定；而是，「眞理」一詞原本就存在於我們的日常語言中，而爲我們所使用，我們現在只是希望來對它的眞正意謂加以瞭解而已。

我們可以發現，依據〔「心」模型〕，我們所謂的「眞理」，只可能有兩種形態：

┌「符應形態」的眞理
（The Truth of Corresspondng Form）
└「根據形態」的眞理
（The Truth of Root-Form）

〔說明〕

以下分為兩大點來說明。圖示如下：

- （一）區別的判準——「證實的依據」
  - （1）「外在的證實」
  - （2）「內在的證實」
- （二）兩種眞理的比較
  - （1）由「證實的方式」來考慮
  - （2）由「證實的對象」來考慮
  - （3）由「追求的方向」來考慮
  - （4）由「證實的理由」來考慮

（一）區別的判準——證實的依據

首先，我們將所謂的「眞理」還原為可以是任何一種語法形式的「語句Ａ」。接著，我們按照「語句Ａ」之可以被證實的兩種依據，「外在的證實」與「內在的證實」，來區分出「眞理」的兩種形態。說明如下：

「外在的證實」，即「語句Ａ」所描述者，可在 PART3 處獲得證實。例如，所有科學可以處理的對象；事物Ａ和事物Ｂ之間的關係；我們可以透過直接或間接的觀察、實驗、歸納等方法，來對「語句Ａ」所描述者作一種經驗上的蓋然判斷，判斷其所描述者是否與事實相符應。所以，我才稱之為「符應形態」的眞理。

然而，倘若嚴格地來說，這種意義之下的「語句Ａ」，只能算是，我們所謂「眞理」的一種假借用法而已。理由如下：

「我有十個手指頭」此一語句的確符應於事實，但人們不會稱之為是一個「眞理」。可是我們對於一些事關重大且尚未被證實，但已經被某人宣稱為眞理的語句，假如我們贊同某人的話，我們會大聲的說：某人所說的是眞理！這當然只是一種強調的表達方式而已。我們可以對那些不顧生命安危、獨排眾意，最後終於證實或終於未能證實其所宣稱者的人的精神，感到由衷的敬佩，但世事往往如此，當某人奮鬥的事蹟被遺忘之後，人們就會將由他所發現的「驚人事實」視為「一般事實」，最後就淪為一種常識。但問題是，即使是這一類所謂的「驚人事實」，通常又受制於人類科學知識的進步與修正。因此，這一類的「眞理」，從經驗的角度上來看，永遠都有被推翻的可能，所以，終於還是夠不上我們對所謂之「眞理」的最終要求。

「內在的證實」，即「語句Ａ」所描述者，只能由〈Ｙmind〉來加以直接判定。換句話說，一切對「語句Ａ」的判斷，只有一個唯一的根據，就是〈Ｙmind〉。所以，我才稱之爲「根據形態」的眞理。例如，西方哲學中倫理學、美學或形上學的對象，或一切的宗教教訓，或中國一切經典上所陳述者。其實，最簡便的說法就是，凡是可以被懷疑，卻又無法由「外在的證實」來加以證實的語句。（註：我們會在以下繼續申論）

（二）兩種真理的比較

（1）由「證實的方式」來考慮

所謂「符應形態」的眞理，由於可以在 PART3 直接或間接的觀察、實驗、歸納等方法，來對「語句Ａ」所描述者作一種經驗上的蓋然判斷，因此，它的這種證實方式，可以稱爲一種公共的方式。但，所謂「根據形態」的眞理，由於它只能由每個人的〈Ｙmind〉來加以確認，因此，它的證實方式無法是公共的，永遠只能是私人的、單一的，由個別個體所生發的證實。

（2）由「證實的對象」來考慮

所謂「符應形態」的眞理，由於「語句Ａ」所指涉者，皆可在 PART3 而被觀察，因此它可被證實的對象，就可被決定爲是外在世界的事事物物。

而，所謂「根據形態」的眞理，由於其「語句Ａ」所指涉者，並非依外在的過程而被決定，而完全是根據於〈Ｙmind〉的判定，因此，此種形態的眞理之證實的眞正對象，最後都會轉化爲去追問：爲什麼〈Ｙmind〉可以如此判定？所以，最後的解答還是落在對〈Ｙmind〉的瞭解之上。

（3）由「追求的方向」來考慮

所謂「符應形態」的眞理，由於「語句Ａ」所指涉者，皆可在 PART3 而被觀察，所以，其追求眞理的方向，可當然被判之爲是向外的（感官之外的外在世界）。

而，所謂「根據形態」的眞理，由於其「語句Ａ」所指涉者，完全是根據於〈Ｙmind〉的判定，因此，欲追求此種形態之眞理的方向可當然被判之爲是向內的（感官之內的內在世界）。

（4）由「證實的理由」來考慮

所謂「符應形態」的眞理，由於「語句Ａ」所描述的內容，完全依賴於感官經驗而得到證實。所以，當我們問：「爲什Ｂ是Ｃ呢？」那宣稱其爲眞的某人，就可以告訴我們，他是經由如何的步驟，來獲得此一結論的。而我們只要依照他所說的方式去重覆操作，就可以辨別是眞是假。

但，所謂「根據形態」的眞理，由於它所據以判斷的根源，是來自每個人的〈Ｙmind〉；所以，當我們問：「爲什Ａ是Ｂ呢？」那宣稱其爲眞的某人，可能一開始會給我們一些無法令我們滿意的理由，但在層層追問之後（倘若兩人都心平氣和的話），某人的答案往往會是：「我就感覺應該如此嘛！」。這類的答案，在我們尚未瞭解〔「心」模型〕之前，我們往往會斷定，某人的理由不過是一個個人的信念，當然是談不上所謂的「客觀眞理」。但經過我們以上的瞭解之後，我們已經能夠瞭解到，這類的回答，其實是很恰當的。而且，「眞理」，由於其本質使然，本來就只能經由如此的表達而來。

表面上，問題似乎出在（假如考慮到「符應形態」之眞理的證實方式的話），我們不可能去重覆他人的直覺過程。那該怎麼辦呢？

其實眞正的問題是出在：

我們剛才的思考模式尚未脫離一般的符應形式，我們總是執著地想要得到一個可以讓我們依樣畫葫蘆的外在過程，因爲一般「符應形態」的眞理所依據的，正是一個外在的標準過程。

然而，「根據形態」的眞理所依據的，卻完完全全是純粹的內在過程。可是剛才我們不是纔剛說過「我們不可能去重覆他人的直覺過程」嗎？那這不就絕望了嗎？

當然沒有！雖然我們不可能去重覆他人的直覺過程，但我們可以自己去產生那個相同的直覺過程的啊！

現在，我想，應該可以正面地來揭開謎底了。我們還是得回到〔「心」模型〕來考慮。諸位應該沒有忘記，當我們在說明直覺與理性的全部過程時，眞正的主控者正是〈Ｙmind〉。因此，假如我們要質問某人有什麼理由來斷定「語句Ａ」爲眞的話，那我們所應該觀察的眞正對象，應該是某人的〈Ｙmind〉。可是某人的〈Ｙmind〉如何可以讓我們觀察呢？

在這裡，我必須先指出一個可能的事實，即「人類擁有相同的心靈結構」。（註：關於這一點，由於尚未證實，所以我稱之爲「可能的事實」，諸位請先存疑，我們會在下面繼續說明）。

基於這個原因，所以，我們只要去重覆某人獲得此一結論的外在經歷，則我們就「有可能」獲得相同的直覺過程。

二

在前一小節中，我們根據著新的理解基礎，探討了兩種眞理的區分判準，證實的方式、理由、對象和追求的方向。現在，我們要來追問，爲什麼我們可以說：

「人類擁有相同的心靈結構」？

而假如我們如此斷定的話，那是否就是視它爲一個「根據形態」的眞理？我們又憑著什麼來如此裁斷它爲眞理？

對以往的哲學基礎而言，這眞是一個無比嚴重的反詰。不過，我想，從我們目前所獲得的新基礎上，我們可以作出很肯定地回答。理由是：

在我們瞭解了人類完整的認知與理解的過程之後，我們應該可以反省到一個更基本的問題：人類爲什麼可以相互溝通、相互瞭解？事實上，在一個人作出任何經約定俗成而有的各種形式的表達之前，人們早已預設了一個最原基的前提，那就是：這些表達形式的基礎，是所謂的「約定俗成」，因此對方能夠瞭解；可是那個能夠提供人們「約定俗成」的基礎又是什麼呢？於是，我們會豁然醒悟過來，人類必然要立基於某個人人共同具備的基點上，我們的溝通才是可能的。我們事實上可以從很多方向上來證實這一點，特別是當我們瞭解了人類完整的認知與理解的過程之後，心靈的整個的構造已經形象化地呈顯出來了，我確信，任何人只要作最簡單的自我反省，都會毫不猶豫地承認這個模型的眞實性。

於是，我們現在可能被質問更銳利的問題；人們會問：「好！即使我承認〔「心」模型〕的 PART1、PART2 和 PART3 三個部份的區分，同時也同意〈X mind〉的確是一個知覺的呈現場所，可是，你憑什麼能說我們也具有相同的〈Y mind〉呢？」我的回答是：「我並沒有說我們也具有相同的〈Y mind〉，只是，我們必須肯定我們的〈Y mind〉的確具備著相同的本質，雖然各有各的發展與內在目的。可是，這些異質的發展與內在目的，並不妨礙我們仍然擁有相同的本質。要注意！所謂『人心的本質』，指的是人心的絕對共有者，不承認這一點，其他的一切也都無法成立。不承認這一點，一切就都隔絕開了，還談什麼呢？」

我想，這個問題應該是解決了。接著，我們就要來探討「根據形態」之眞理的二層裁斷途徑：分別是「瞭解」與「實踐」。

【第一層裁斷的途徑：瞭解】

諸位要注意到，目前我們的方向已經整個轉到對「根據形態」之眞理的根據〈Ｙmind〉的探究上了，事實上，對於心靈的探索，我相信，這應該是一門最古老、最迷人的學問了。人類必然在遠古以前就已經致力於此，在中國，《易經》正是這門學問的一種登峰造極的純粹表徵形式之一，只是，隨著時代的遷流，人心的移轉，人們要求這個奧秘展現出更多的表現形式，於是，單一的純粹形式轉化爲一種潛伏的狀態中，成爲流傳於民間——原始生命力之沃土——的命理之學，然而這股神秘的力量依然和著所有中國人的原始生命，一同在心靈汪洋的溫柔潮汐中，徐緩、而無比深遠地呼息、來去不定。

現在，我們要再問一次：

猶如牛頓發現所謂的「萬有引力」，人們對於〈Ｙmind〉，唯一能作的只是，儘可能地去觀察它，儘可能地去瞭解它是如何在它所有的適用範圍之中運作的；它能作什麼？它造成什麼？我們如何影響它？如何促生它？

讓我們自問：「眞理」是什麼？我們已經知道「語句Ａ」只是它的一個記號的表式，各式各樣的說法，都只不過是它所穿著的華麗外衣而已，在那些外衣之下的究竟是一個如何的存有呢？

且讓我們由人類的反應來思考這個問題。通常人們總是說：

當我由某本書上看到，或由某人口中聽到「眞理」的剎那間，我覺得深深地被感動了！

讓我們思考一下，人們說「他被感動」的時候，究竟的內在歷程是什麼？

所謂「被感動」，通常指的是一種深刻的同意與贊同。想想看，同的是什麼？是不是那些感動我們的，早就已經存在我們的心中？假如不是的話，那我們能夠同意什麼、能夠贊同什麼呢？

再想想看，我們說：「眞理只能來自一個人深心的瞭解和感動！（感動是一種深刻的瞭解與贊同）沒有任何其他的捷徑。」想想看佛教的經典，儒門的經典，道家的經典，這些能夠眞正傳諸久遠的文字，那一個不是能夠直接觸動人心的？爲什麼同樣是文字，可是卻有如此神奇的差別呢？我們必須將像維根斯坦所指示的，把這些僞裝過的悖謬，辨明爲明顯的悖謬。它們是多麼的不可思議啊！試問：那些神奇的文字爲什麼能夠引動我們這些「貧乏的心靈」呢？那種神奇的力量來自哪裡呢？是那些印刷在書本上的黑色圖案嗎？當然不是！那種神奇的力量就直接來自我們平日所自稱的「貧乏的心靈」。那些偉大的心靈透過印刷在書本上的黑色圖案引動了深藏於我們心中的神秘力量。切記！這絕對不是一種文學的象徵說法。在這篇論文中，我已經清楚地說明了人類唯一的理解途徑。投石入井，能夠傳回來的聲響，除了來自井的，還能有別的嗎？

現在，總地來說，我要表明的就是：

我們對「根據形態」之眞理的裁斷途徑之一，是「瞭解」。但是，此處我們所說的「瞭解」一詞，與一般人的所知道的意謂有著極大的差距。差距並非產生於我們對「瞭解」一詞賦與了新的定義，而是我們說明了，「瞭解」此一動詞或指稱其過程之名詞的眞正內涵。想想看，凡是眞理者，就會是普遍存在著的。所以，眞理並不被知識份子所獨享，並不被哲學家所獨享，並不被少數才智出眾者所獨享；眞理存在一切事事物物之上、之下、之內、之外，眞理是無所不在的。

《易經‧繫辭上篇》：

> 仁者見之謂之仁，知者見之謂之知，百姓日用而不知，故君子之道鮮矣。

想想看！仁、智都是百姓日用而不知的，那哪來的隱蔽的眞理呢？有的只是如維根斯坦所說的，我們可以將僞裝過的悖謬，辨明爲明顯的悖謬，讓人間少一些無謂的爭端，多一些有益的改善，這才是所謂的君子之道。

因此，我們所謂的「瞭解」，針對「根據形態」的眞理而言，就是一種內在的反省。人們經由深心的反省來發覺早已存在自己心中的眞理。

但是，如何反省呢？人們的心靈似乎總是鷹揚兔脫地，並且隨著外在的人、事、物不斷地起起伏伏，我們自己尚且把握不住自己，更何況去奢望自己深心中已有的眞理呢！

【第二層裁斷的途徑：實踐】

在這裡，讓我們先放慢腳步，讓我們來回憶一下，上一小節中我們所談到的種種。我們談到「根據形態」的眞理，其證實的方式只能是私人的、單一的，由個別個體所生發的證實；其證實的任何對象都只能根據於〈Y mind〉；因而我們追求它的方向就被決定爲是向內的；而且，若我們由「證實的理由」來考慮「根據形態」的眞理的話，它無法如同「符應形態」的眞理一樣，可以由他人提供的理由或外在、公共的操作程序來得到證實，於是最後我們歸結到我們或許可以自己去產生那個相同的直覺過程，以證實某人所宣稱者是否爲眞理。然後，我們又提到了一個可能的事實，即「人類擁有相同的心靈結構」（現在，它已經爲我們接受爲一個當然的事實了），並指出，唯有在如此相同的基礎上，我們才可能期望，經由重覆他人的外在經歷來獲致相同的直覺過程，而最後去贊同或不贊同某人所宣稱的「眞理」。

現在，此處所謂的「重覆他人的外在經歷來獲致相同的直覺過程」，指的就是所有東方智慧的核心：

實踐的要求

因爲，這是「根據形態」的眞理，所唯一可能獲致的根源所在。

《壇經》〈般若品第二〉：

> 善知識，「摩訶般若波羅蜜」是梵語，此言大智慧到彼岸。此須心行，不在口念。口念心不行，如幻如化，如露如電。口念心行，則心口相應，本性是佛，離性無別佛。……善知識，自性能含萬法是大，萬法在諸人性中。若見一切人惡之與善，盡皆不取不捨，亦不染著；心如虛空名之爲大，故曰「摩訶」。善知識，迷人口說，智者心行，又有迷人，空心靜坐，百無所思，自稱爲大；此一輩人，不可與語，爲邪見故。善知識，心量廣大，遍周法界；用即了了分明，應用便知一切。一切即一，一即一切；去來自由，心體無滯，即是般若。善知識，一切般若智，皆從自性而生，不從外入，莫錯用意，名爲眞性自用。一眞一切眞。心量大事，不行小道。口莫終日說空，心中不修此行；恰似凡人，自稱國王，終不可得，非吾弟子。

《壇經》〈機緣品第七〉：

> 汝觀自本心，莫著外法相。法無四乘，人心自有等差。見聞轉誦是小乘，悟法解義是中乘，依法修行是大乘；萬法盡通，萬法俱備一切不染，離諸法相，一無所得，名爲最上乘。乘是行義，不在口爭。汝須自修，莫問吾也。一切時中，自性自如。

諸位由以上的兩段引文中，應該可以知道佛教的智慧的確皆以實踐（心行）爲最重要者，另外舉凡儒家、道家的教誨亦皆如是。

現在，我們應該注意到一點，即前面我們所說的眞理之裁斷途徑之一的「瞭解」，其眞正的過程，就是一種內在的反省；人們經由深心的反省來發覺早已存在自己心中的眞理。那我們自己心中的眞理又從何而來呢？人們該如何清晰地反省到這些內容呢？

其實，我們終會發現，所有的線索，最後都回歸到，對〈Ymind〉的瞭解與認識上。

諸位應當還記得，我們在前一節的第三個小節曾對於知識的來源作了徹底的探討，我們提到了所謂「直覺」與「理性」的內在過程，在「理性」的部份，我已經說明了：「理性」一詞的動詞所指謂者，即爲將〈Xmind〉的內容，經〈Ymind〉所主控的「安排、整理、檢擇、控制」等過程，轉換爲PART3的外在行爲（包括一切人類的所有活動）。而且，我們還提及，一般所謂的「理解錯誤」、「表達錯誤」或「判斷錯誤」，就是發生在這個「轉換」的過程之中。並且，這些所謂的「安排、整理、檢擇、控制」，最後都可能會因爲種種原因：過度安逸、情緒因素、缺乏反省、習慣、社會禮教的不當壓抑等等原因，而變成一種機械式的反應，這在〔「心」模型〕上，我們會看到一個僵化的、帶著自我強迫性的不變的迴圈。於是，我們就說一個人喪失了可能性、不知道變通、僵化或麻木不仁。

現在，我必須直接指出的是：

《壇經》般若品第二：

> 善知識，菩提般若之智，世人本自有之，只緣心迷，不能自悟，須假大善知識，示導見性。當知愚人、智人，佛性本無差別，只緣迷悟不同，所以有愚有智。……

事實上，「理性」的能力與過程，的確對人類的生存提供了絕對必需的工具性本能，然而，「理性」卻也使我們遠離眞理的所在，因爲未經反省的「理性」，它只能作著「轉換」的工作，因而它必須要求自己作得又快又好，然而在缺乏反省的狀態之下，它很容易地就會爲了肉體生存的種種原因，而陷入完全經約定俗成的社會制約之下，它因而沉溺於自己又快又「恰當」的不變迴圈之中，而毫無自覺。

因此，所謂的「心迷」，指的就是「理性的僵化」。它沉迷於重重制約之中，而毫無警覺。

現在，「實踐」（心行）扮演著什麼角色呢？它的全部任務就在於：

藉著時時刻刻的自省、觀照來打斷「理性的僵化」。

而且，諸位要切記！實踐的過程幾乎是，必須窮人類一輩子的時光來從事的。因爲，我們從小到大，到足以從事反省的年歲，雖然因人而異，但我

們切莫低估了我們所曾經經驗過的內在過程，也切莫低估，理性爲了保證我們的生存，所作的無可比擬的偉大工程。因爲，我們的表面意識的容量確實相當的淺薄，要去想像「理想」在我們一生中的所有瞬息所從事的極盡複雜的轉換，實在是不太可能。所以，我們就必須藉著身心一致的實踐，來逐漸地打掉我們的成心、成見與執著。

因此，最後，讓我們來回顧一下人類生長的整個過程：

每個人都只能由嬰兒開始成長，一方面靠著理性來學習生存的能力，一方面卻也開始受污染的開始。（註：這當然是以一種純粹狀態的基點來說，先不去討論〈Ymind〉的內在目的。另外，我在想，這大概就是基督教聖經，《舊約》全書上所記載的，亞當、夏娃因爲偷吃了智慧樹上的果實，而被上帝逐出伊甸園的意指。

《道德經・上篇十章》:「專氣致柔，能嬰兒乎？」

《道德經・上篇二十章》:「絕學無憂，唯之與阿，相去幾何？善之與惡，相去若何？人之所畏，不可不畏。荒兮其未央哉！眾人熙熙，如享太牢，如春登臺。我獨泊兮其未兆，如嬰兒之未孩，儽儽兮若無歸。眾人皆有餘，而我獨若遺。我愚人之心也哉！沌沌兮！俗人昭昭，我獨昏昏；俗人察察，我獨悶悶。澹兮其若海，飂兮若無止。眾人皆有以，而我獨頑似鄙。我獨異於人，而貴食母。」

《莊子・應帝王》:「南海之王爲儵，北海之帝爲忽，中央之帝爲渾沌。儵與忽時相與遇於渾之地，渾沌待之甚善。儵與忽謀報渾沌之德，曰：『人皆有七竅以視聽食息，此獨無有，嘗試鑿之。』日鑿一竅，七日而渾沌死。」）

然後，人類就必須活在一個矛盾的生命情境之中，他的理性要求他，向外追求無止無盡的符應眞理，可是，他更深沉的心靈卻要求它，向內追尋眞正的平靜，向著根據於內心的眞理邁進。但是，第二種聲音，似乎總是因著種種干擾，而不了了之。因而，就造就了我們目前的人間。

三

在這一小節中，我們將站在最高的位置，來鳥瞰「眞理」之本質的最後結論。以下分爲兩個部份說明：

【第一部份：圖示】

諸位應該還記得以下三個圖：

（一）東西文明在面相上的最根本差異，就在於此。

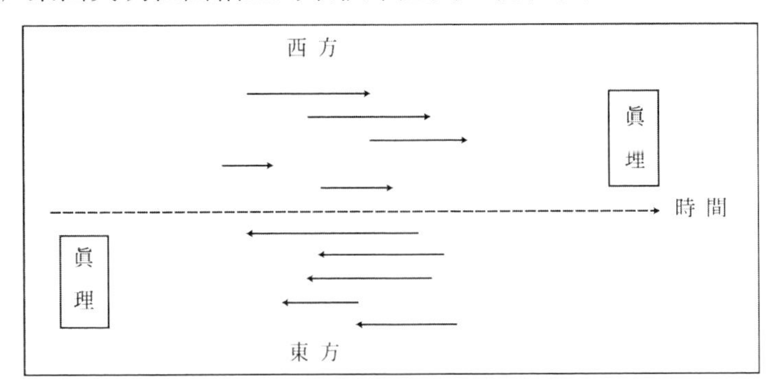

事實上，我們可以由此圖聯想到許多事情。孰是？孰非？如何調整？如何整合？要注意的是！不管如何，這都只是一個表面的幻相而已，因爲，唯一的眞實是：

我們都擁有相同的心靈。

（二）〔「心」模型〕：

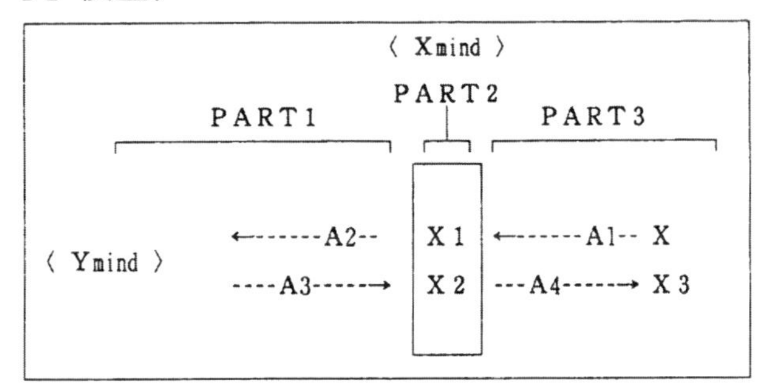

（三）哲學的目的，可以依以被決定爲：

對一切之本質的追求

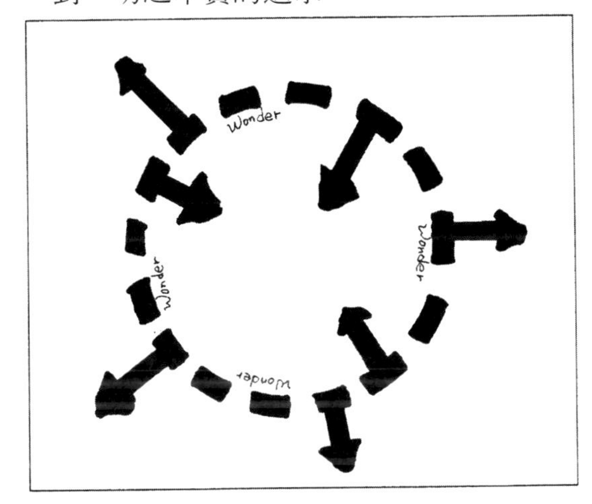

我想，由圖一，經過圖二的瞭解，而到達圖三，應該就是我們所企望的未來。

【第二部份：說明】

現在，我們可以從西方哲學中「眞理論」的誤謬開始談。在第二章第一節的第二個小節，我們曾經留下一個關於「眞理論」之誤謬的線索：

凡是「人爲的標準」，就無所謂眞或不眞；有的只是遵守不遵守而已。

現在讓我們正面來回應這個暗示。經過我們對眞理的層層剖析之後，我們已經瞭解了，「根據型態的眞理」才是眞正的眞理，而其證實的方式只能是私人的、單一的，由個別個體所生發的證實；其證實的任何對象都只能根據於〈Y mind〉；因而我們追求它的方向就被決定爲是向內的。因此，類如西方哲學中所謂可以對眞理再加判別的「眞理論」之說，我們已經將之判明爲是一種「符應型態的眞理論」。而眞理既然已經爲我們所瞭解，它根本就不能是由任何外在標準來加以軌約的，因此，西方哲學中的這類「符應型態的眞理論」，就只能是一種意見而已。

又，「符應型態的眞理」在事實上並不吻合我們對所謂之眞理的眞切要求。它只能算是一種「經證實了的事實」或「未經證實的事實」。但是，倘若人們把對眞理的追求，誤植於此種「眞理」之上的時候，人們必然會落得一個蕭索的下場，更有甚者，會有人基於各種目的，而以之爲由，企圖以強制的手段，來達成他個人的妄想，諸如列寧之流。

由於，我們就可以來探討一下，究竟「根據型態的眞理」，它的眞正面貌爲何。

最重要的一點，就是 眞理不具任何強制性。

我必須在此特別強調這一點！凡是任何被宣稱爲「眞理」而帶有強制性者，我們可以一概將之判定爲僞眞理；或將如此宣稱者，視爲虛僞者，因爲他必然正在利用一個貌似眞理的理由，來達到他的私人目的。

我們必須切記！

即使是一個「眞正的眞理」，倘若失去了一顆爲它所眞正感動的心靈的話，那它不但什麼都不是，甚至還可能是極度危險的「僞眞理」。

爲什麼我所說的，好像是互相矛盾的呢？爲什麼我既說它是一個「眞正的眞理」，可是又說，它是一個極度危險的「僞眞理」呢？諸位千萬不可以再陷入望文生義，或只見語言，不見意義的古老陷阱中。諸位應該記得，我們由維根斯坦處所得到的教訓：

語言只不過是言說的殘骸而已！而言說又被說話者的目的、當時的情境、當時的語句脈絡所左右。但，諸位也千萬不要天眞地如此想像，想像我們只要小心地避開我們的敵人就好了。因爲，事實上，人類最大的敵人正是他自己！

想想看，我們的驕縱、傲慢，我們對情緒的恣意放肆（不管是「卑下」的，或是「聖潔」的），我們對眞理的缺乏熱誠，我們對情欲的無知（不管是禁慾，或是縱慾），我們對人性的盲目，還有我們對生命的不知尊重。理性所能教導我們的，頂多不過是一種最寬容的利益交換，而這正是我們目前的淺薄文明所能唯一提供我們的。〔註23〕

諸位要切記！目前的我們已經不再是純粹的狀態了，我們已經被註定了要和自己終生搏鬥，爾後才能獲得眞正的自由。所謂的「自由」，事實上只能被心靈的狀態所決定；除非等到我們眞正掌控了我們自己的理性，我們才算是獲得眞正的自由。另外一點：

眞理不是任何言語、文字所能替代的

所以，世尊才說：

說法者，無法可說，是名說法。（《金剛經》〈非說所說分第二十一〉）

世尊的眞正意思是：不管他曾說過什麼，他唯一的目的，就是點悟我們的本心自性。所有的言語、法門，都不過是手段而已。

因此，諸位千萬不要忘記了「指月句法」所提醒我們的。

最後一點：眞理不是任何個人心靈之外的標準

雖然人類擁有相同的心靈結構，但是，我們千萬不要忘了，在這個世界上，也從來不曾有過兩個擁有完全相同內在經歷的人。更何況，每一個〈Ymind〉都具有它自己的，我們所不可知的內在目的。因此，眞理不是任何個人心靈之外的標準。沒有任何人，可以決定別人所應追求的眞理爲何。若有人如此宣稱的話，我們當置之不理！又，倘若有人帶著過份的強制性如此宣稱的話，唾棄

〔註23〕休姆說：「理性只是，也應該只是熱情的奴隸，除了爲熱情服務和服從於熱情之外，理性無法勝任任何其它的事。」（reason is and ought only to be the slave of passions, and can never pretend to any other office than to serve and obey them.）（《人性論》p.415）

他！假如他所宣稱者，眞爲眞理的話，那終有一天，等到我們的心靈準備好的時刻，我們自然會自動爲之感動的。又何需他帶著機心而有的強制呢？

現在，讓我們回到主題來，

- 眞理不具任何強制性
- 眞理不是任何言語、文字所能替代的
- 眞理不是任何個人心靈之外的標準

以上這三點，就是我們的結論。在這三點中，事實上已經涵蓋了我們對語言、眞理、心靈三者之本質的所有認識。

最後的提醒：

《金剛經》〈莊嚴淨土分第十〉：

應無所住，而生其心。

《金剛經》大乘正宗分第三：

佛告須菩提:「諸菩薩摩訶薩，應如是降伏其心。所有一切眾生之類，若卵生、若胎生、若濕生、若化生；若有色、若無色；若有想、若無想、若非有想非無想，我皆令入無餘涅槃，而滅度之；如是滅度無量無數無邊眾生，實無眾生得滅度者。何以故？須菩提！若菩薩有我相人相眾生相壽者相，即非菩薩。」

《壇經》〈頓漸品第八〉：

無一法可得，方能建立萬法。

《道德經》下篇四十八章：

爲學日益，爲道日損。損之又損，以至於無爲，無爲而無不爲。取天下常以無事，及其有事，不足以取天下！

諸位應當已經知道！我們已經爲「眞理」奠立了永恆的基礎。從今以後，東方的所有智慧，也就在它們蒙塵的短短幾百年之後，重新恢復了它們應有的千年神采。

第四節　禪宗智慧

我們在第一章第一節曾經提過，禪宗是世尊的另一種有別於九部種種教法的教育方式，更直接地藉言說活動直截地傳遞意義，即「以心傳心」之法。現在，我們總算可以完整地來解釋，何謂「以心傳心」之法。首先，讓我們來看一段《楞伽經》上的引文。

《楞伽經》卷一：

爾時大慧菩薩，爲淨除自心現流故，復請如來，白佛言：世尊！云何淨除一切眾生自心現流？爲頓爲漸耶？佛告大慧：漸淨非頓，如菴羅果，漸熟非頓。如來淨除一切眾生自心現流，亦復如是，漸淨非頓。譬如陶家造作諸器，漸成非頓。如來淨除一切眾生自心現流，亦復如是，漸淨非頓。譬如大地漸生萬物，非頓生也。如來淨除一切眾生自心現流，亦復如是，漸淨非頓。譬如人學書畫種種伎術，漸成非頓。如來淨除一切眾生自心現流，亦復如是，漸淨非頓。
譬如明鏡，頓現一切無相色像。如來淨除一切眾生自心現流，亦復如是，頓現無相，無有所有清淨境界。如日月輪，頓照顯示，一切色像。如來爲離自心現習氣過患眾生，亦復如是，頓爲顯示不思議智最勝境界。

何爲頓？何爲漸？向來就是眾人爭吵不休的疑點。不過現在，我們可以站在我們理解的新基礎上來清楚地說明。

【漸】

任何一件事的成就，都必然需要一個過程，這就是「漸」。如世尊所舉的例子：果實漸熟，陶匠造器，大地漸生萬物，人學書畫種種技術。

【頓】

有一種能力，能夠使僵化的心靈，頓時放下一切執著，這就是「頓」。如世尊所舉的例子，「如來爲離自心現習氣過患眾生，亦復如是，頓爲顯示不思議智最勝境界。」而所謂的「不思議智最勝境界」，就是如來能使眾生的心靈，「譬如明鏡，頓現一切無相色像」、「如日月輪，頓照顯示，一切色像。」

現在，我們可以來進一步的說明。「漸」是極易明白的，同一般人所瞭解的任何過程一樣。但是「頓」，就超出一般人的想像甚多了。爲什麼呢？因爲它是一種極盡高妙的教育技巧，唯有完全掌握了對心靈的全體大用者，才能加以運用。以下我將分爲四點來導引諸位，明瞭「頓」此一教育技巧的原理。圖示如下：

PART1：語言、文字在人類心靈中的內在過程
PART2：禪宗的教育方法
PART3：「悟」——僵化理性的瞬間崩潰
PART4：「以心傳心」
PART5：「待續」的回顧

【PART1：語言、文字在人類心靈中的內在過程】

現在，我們問：「語言、文字對人類的功用是什麼？」

最通常的答案就是：語言、文字是一種人類爲了和別人溝通，爲了表達自己而使用的工具。沒有錯，這是一個正確的答案。不過，卻不是一個完整的答案。因爲，這只是一個單方向箭號的端點答案而已。這是什麼意思呢？想想看以下圖示：

甲・————→ 乙

甲 ←————・乙

剛剛那個答案，就只是甲就他的最表層企圖來說。可是，當這個箭頭到達它的目的地，乙，之後，會發生什麼事呢？或乙所說的話到達了他的目的地，甲，之後，會發生什麼事呢？其實我們只要討論甲就可以了，而且只要討論，甲聽到乙所說的話的當下，或收到乙寄來的信，而正在閱讀的當下，在甲心中所發生的事。不！爲了便於說明的關係，就只說甲正在閱讀乙的信的當下，發生了什麼事呢？假設甲乙兩人是摯交，又遠遠分住兩地，而乙的信中只有如下句子：

「前天，小女兒病死了，她才十二歲。」

想想看，甲的身體發生了什麼事呢？甲頓時震驚得楞住了，僵在椅子上，久久動彈不得，他捂著胸口，不能置信地一再瞪著信紙。

甲的心中發生了什麼呢？在未打開信之前，甲的自我猶如一架漫遊於他的心靈世界的飛機，正漫無目的地在一片黝暗的天際滑行著，然後，信被攤開了，信紙上的文字被甲的理性轉換成某種東西，而被投射進了甲的心靈之中，突然間，天際出現了幾點灼亮的星光，甲的自我，於是調整方向，沿著幾點星光所呈現的特定航向飛去。

沒錯！那正是一個無比悲傷的方向。

然後，沿著此特定的航向，更多的星群在靄靄層雲中一一出現，它們是

深深藏在甲心中的往昔哀慟，此刻都一一羅列在這片悲傷的夜空中。飛得愈高，夜空顯得愈遼廓，更多的星群閃爍著出現，那是伴隨著那些往昔哀慟而洶湧浮現的無數思念、情感與回憶。航行在這片星空，甲的自我，突然獲得了一種神奇的安慰，因爲，他發現自己從未失落所有的過去，它們一直、一直就深藏在這片，此刻正暖暖懷抱著他的，神秘星空之中。他於是起身，帶上帽子，出門，他要去陪伴在他的朋友身旁。

是的！每個人的心中都有一片神秘的星空。而那些靄靄的雲層正是我們的理性，它們會配合著生存的一切需要，而適時適所地露出一小片夜空來，幫助人類的自我在瞬間反應中獲得一切必需的訊息。但是，每一個缺乏反省的心靈，也就會有一團頑強無比的雲層，它毫無異議地執行著來自各處的各種形式的制約，如同一個忠心耿耿的門房，雖然擋掉了危險，卻也擋掉了各種機會，甚至，它會爲了保護主人而緊閉所有的門戶，卻完全忘記了，它強大力量正來自於它看似柔弱的主人。

《道德經》下篇四十三章：

天下之至柔，馳騁天下之至堅。

由於這個小小的遺忘，於是我們看到的，就是一個固執不通的僵化心靈。

諸位不要忘記了，以上我們所談到的僅是書寫在書信上的文字而已，倘若再加上整個語言——遊戲中的音調、語氣、表情、動作和隨時改變的語言，那這一切所能引發的力量，簡直就是無法思議的。

【PART2：禪宗的教育方法】

現在禪師如何來調教這個，表面上頑冥不靈的心靈呢？何況它正急切地來向他求助！

《五燈會元》卷五：

澧州藥山惟嚴禪師……博通經論，嚴持戒律。一日，自嘆曰：「大丈夫當離法自淨，誰能屑屑事細行於布巾邪？」首造石頭之室，便問：「三乘十二分教某甲粗知，嘗聞南方直指人心，見性成佛。實未明了，伏望和尚慈指示。」頭曰：「恁麼也不得，不恁麼也不得，恁麼不恁麼總不得。子作麼生？」師罔措。

前面我們曾提過，禪宗的教育方法之一，就是從最赤裸的問題上來引起質疑，引起不斷的質疑以造成適當的心靈環境，之後，才是藥石所能下的最恰當時機。而且我們也要警覺到，禪宗公案中的語言、文字都不是一般的日常用語，它們都是一種特殊情境、語句脈絡和目的之下的語言——遊戲。因此，一般人直呼無法理解禪宗公案，本來就是理所當然的事。就猶如兩個當代的數學大師，正渾然忘我地討論著數學中的某個難題，於是他們的造詞遣字當然也就極端的專業和抽象，此刻，倘若有人侍立一旁，將他們倆的對話逐字記錄下來。試問：一般人看得懂嗎？

現在，我們就以我們目前所有的基礎來試著理解一下這段公案。
全部的重點，其實就在石頭和尙所講的那句話，那是一句廣東的土話，我們用一般話來說就是「這樣也不對，不這樣也不對，這樣、不這樣都不對，這個時候你該怎麼辦？」。諸位不要忘記了，我們日常說話時，我們必然都是見什麼人說什麼話，針對特定的情境，特定的對象，說特定的話，問特定的問題。一個好老師，當然更是如此，石頭和尙聽到惟嚴禪師的話，他想，這大概是個用功的和尙，一生唯經典是從（這當然是我透過我的理解，猜想當時的情境，及石頭和尙心中的盤算。此處，當我們企圖理解任何公案的時候，想像與理解是必需的能力，否則就只能望文生義了，那必然就會誤謬百出），於是，石頭和尙針對惟嚴禪師的盲點處，給他出了一個難題「這樣也不對，不這樣也不對，這樣、不這樣都不對，這個時候你該怎麼辦？」想想看，惟嚴禪師從來都是「博通經論，嚴持戒律」，他必然當下就「卡住了。」
什麼是「卡住了」？

讓我們想像一下惟嚴禪師心靈中那一片神秘天空的情景，原本他的理性雲層總能夠適時地爲他安排恰當的反應，例如遵守繁複的戒規，條理分明地理解經典上的條條目目（粗的囫圇吞，細的點點洞然，所以他才自嘆曰：「大丈夫當離法自淨，誰能屑屑事細行於布巾邪？」），他的自我稱得上是如應隨響，凡是權威所說者，未有不立即航向者。但是，石頭和尙把他的雲層卡住了，「這樣也不對，不這樣也不對，這樣、不這樣都不對」，他的理性之雲猶如運轉不良的馬達，前後左右都卡死了，動彈不得，可是理性之雲層積習已久的頑固又不肯輕易放下，馬達猶自騰騰作響、發熱。他是多麼認眞的一個和尙啊！他的自我空空蕩蕩、毫無目標地飄浮在烏雲滿佈的天空中，於是惟嚴禪師，罔然不知所措。

頭曰：「子因緣不在此，且往馬大師處去。」（續前文）

惟嚴禪師於是一步一迷惘，一步一掙扎地走著，他的口中無聲喃喃地自問：爲什麼？究竟是爲什麼？「這樣也不對，不這樣也不對，這樣、不這樣都不對」，那我該怎麼辦？我還能怎麼辦？

【PART3：「悟」——僵化理性的瞬間崩潰】

> 師稟命恭禮馬祖，仍伸前問。祖曰：「我有時教伊揚眉瞬目，有時不教伊揚眉瞬目，有時揚眉瞬目者是，有時揚眉瞬目者不是。子作麼生？」師於言下契悟，便禮拜。祖曰：「你見什麼道理便禮拜？」師曰：「某甲在石頭處，如蚊子上鐵牛。」祖曰：「汝既如是，善自護持。」（續前文）

我們在前面第二章第二節的第三小節，曾說明過直覺與理性這兩種能力的內在過程，而在第三節的第二小節中，也說明了「實踐」所要克服的，就是因著理性之僵化所造成的，人們心中意念的不變迴圈。

現在，惟嚴禪師到了馬祖處，馬祖聽了他所說的經歷之後，了然於胸，於是模仿石頭和尙的偈語，再作一偈，可是將它略作鬆動，「我有時教伊揚眉瞬目，有時不教伊揚眉瞬目，有時揚眉瞬目者是，有時揚眉瞬目者不是。子作麼生？」。此刻，惟嚴禪師心中的理性之雲，如弓滿弦，猶如脹無可脹的氣球，突被針刺，氣灌針孔，頓時整個暴裂開來。他的理性之雲，就像一個人不但滿腹委曲，而且還時時爲人鞭韃，他一再的忍耐，一再的壓抑，最後，終於，崩潰了。

惟嚴禪師的心中夜空，頓時雲淡風清，滿天星辰了了在目。

《楞伽經》卷一：

> 譬如明鏡，頓現一切無相色像。如來淨除一切眾生自心現流，亦復如是，頓現無相，無有所有清淨境界。如日月輪，頓照顯示，一切色像。如來爲離自心現習氣過患眾生，亦復如是，頓爲顯示不思議智最勝境界。

【PART4：「以心傳心」】

以上諸位所看到的，就是兩位大禪師所精心提供的連臺好戲。這就是所謂的「以心傳心」或「以心印心」。當人與人之間一切不必要的葛藤全被取消之後，人與人之間就回復了他們的本質，一切動靜言談之間，皆默逆於心。人與人，人與世界，不再有隔閡，有的只是一顆純粹的心靈，和一切萬有同一的本質。此即世尊臨欲入涅槃時，所傳大迦葉者……

《大梵天王問佛決疑經》卷上，〈初會法付囑品第一〉：

> 爾時世尊四視而言，我今涅槃時到，汝等有所疑者，一一可問，勿遲滯，爾□大梵天王，即引若干眷屬來，奉獻世尊於□□羅華，各各頂禮佛足，退坐一面，爾時世尊即拈奉獻□色婆羅華，瞬目揚眉，

示諸大眾。是時大眾默然無措，□□有迦葉□□破顏微笑，世尊言，我有正法眼藏，涅槃妙心，即付囑于汝，汝能護持，相續不斷。時迦葉奉佛勒，頂禮佛足退。……然今復拈華示眾，……夫諸佛密意者，以言辭而不可測度，何以故，是法非思量，分□□能解，即是唯佛與佛究盡法，汝等□□□當知，以其言辭者，則每會隨宜之法也，不隨宜之法，則不可言說，是故有如是□□□事，汝等當知，如是法不自法也，不他法也，復雖不離自他法，眾生親證而得焉，一切諸佛亦復然矣。而今付囑如是法於迦葉者，迦葉久遠成佛。……

【PART5：〔待續〕的回顧】

我們沿路上共留下了二十一個〔待續〕，經審視的結果，大部份都已經於文中作過說明。以下再簡單補充三點：

（1）我們在〔待續三〕所遺留下的「菩薩摩訶薩善義」，指的就是一種實踐心行。

大慧：菩薩摩訶薩，於如是義，獨一靜處，聞思修慧，緣自覺了，向涅槃城。習氣身轉變已，自覺境界，觀地地中間，勝進義相，是名菩薩摩訶薩善義。

（2）我們在〔待續二〕〔待續六〕所遺留下的，關於文字的意義是否能夠恢復的問題，我可以用以下的這個譬喻來回答：

文字是我們心靈之海中的燈塔，我們的自我猶如夜航的飛機，馳騁在無垠暗黝的汪洋上，只有隻字片語在遼遠的地平線上閃鑠著微光，指引著我們遠方的那塊陌生土地的方向，那是一塊失落了的失樂園。人類唯有靠著信心、堅持及想像力，才能重返我們所失去的樂園。

（3）我們在〔待續十六〕所遺留下「諸法如義」，現在我們可以更直接地說明：

所謂「經驗的內容」，就是「法」，就是「義」。人們不過是使用語言的聲音記號，或文字的圖象記號來指謂之而已。因此，西方哲學中，視語言中的「名詞」，爲一種經抽象作用得來的「理型」（idea），並視之爲最普遍之存在者，然後，在本體屬性說中，又將之視爲實體，誤以爲是一種不變的永恆存在。不管他們視之爲是物質實體或精神實體，都是誤以爲它們皆有一己的不變本質。此皆可判之爲誤謬。

結　論

這篇論文的主題，即在於提供禪宗智慧一個現代語言概念的說明與導讀。由是，本來僅打算就依著自己粗淺的心得，將最關鍵的兩個重點，語言與眞理，順著西方哲學的理路來試著詮釋。但後來卻發現，現代的語言概念實又受西方哲學莫大的影響，因此，倘若不深入西方哲學而加以疏解的話，恐怕再清楚的解說，也會讓人如墮五里雲霧之中。所以就只好放膽直逼西方哲學的核心，希望能藉著對語言與眞理兩個概念的進一步釐清，而能獲得一個較清晰、較根本的眼界，不至於徒弄皮毛，陷在外圍的諸多浮面概念之中。於是，最後，我們所得到的一個簡單架構如下：

—由語言的本質：我們發現

　→語言的意義在其未獲得表式之前的存在狀態，爲一種心靈狀態（state of mind）。爾後，人們再以各種語言——遊戲，來加以具體傳遞。

—由眞理的本質：我們促成

　→〔「心」模型〕的建立與理解，因而對於所謂的「經驗」、「瞭解」、「理性」、「直覺」等等字詞獲得新的認識。由是，決定了眞理的兩種形態，「符應型態」與「根據形態」，及其限制與特性。

—禪宗在語言與眞理上的意見，於是獲得了一個來自西方哲學的理解進路。

我一直深有所感，此刻，我們正陷於概念被無限濫用的時代裡，我們的心靈世界，猶如荒郊雜草叢生的亂葬坑，亂葬坑裡，埋葬著我們點點滴滴的理想與抱負。西方的物質文明造成了大量的概念垃圾，污染著所有新生的生命。我最大的願望就是，站在一個無比明亮的光圈裡，誓願照亮所有被黑暗逐日侵蝕了的痀瘻身形。

我想，一切的新奇玩好，最後總得回歸到一個「人情的常軌」上。因爲我們除了是「人」之外，什麼都不是。而唯一能夠安慰人類，安慰他那早已被決定了的先天命運的（指回歸純粹與生存困境所造成的兩難之局），唯有使之回歸、涵泳在其天性的本然狀態之中，如是，方能使人如魚得水般地，無入而無不自得。

《壇經》〈決疑品第三〉：

心平何勞持戒，行直何用修禪，
恩則親養父母，義則上下相憐，
讓則尊卑和睦，忍則眾惡無喧，
若能鑽木取火，淤泥必生紅蓮，
苦口的是良藥，逆耳必是忠言，
改過必生智慧，護短心內非賢，
日用常行饒益，成道非由施錢，
菩提只向心覓，何勞向外求玄，
聽說依此修行，天堂只在目前。

《論語》衛靈公第十五：

子貢問曰：「有一言可以終身行之者乎？」子曰：「其恕乎！己所不欲，勿施於人。」

《論語》季氏第十六：

宰我問：「三年之喪，期已久矣。君子三年不爲禮，禮必壞；三年不爲樂，樂必崩。舊穀既沒，新穀既升，鑽燧改火，期可已矣。」子曰：「食夫稻，衣夫錦，於汝安乎？」曰：「安。」「汝安則爲之！夫君子之居喪，食旨不甘，聞樂不樂，居處不安，故不爲也。今汝安，則爲之！」宰我出。子曰：「予之不仁也！子生三年，然後免於父母之懷。夫三年之喪，天下之通喪也。予也有三年之愛於其父母乎？」

最後，我想，我必須指出的是，東方哲學儒、釋、道三家，儘管各有不同的殊勝與精彩，但它們都有著相同的根源；這個根源並非眾多中的一個，亦非少數中的一個，而是唯一的一個；和西方哲學來自同一所在的那個唯一的一個。因爲，凡是可被稱爲「哲學」者，它們的第一個身份，必然是「人的哲學」；因此，一切的解答，必然也就在人類的自我追尋裡，才可能被發現。從來沒有過一個人曾經超越過他是一個人的這個事實！假如有人企圖在此有任何異議的話，那我必須趕緊制止他，因爲，他接下來馬上就要劃地自限了。在人類還無法發現自己的奧秘之前，先讓自己靜默存神，不是很恰當嗎？

我相信，我們的確可以期待，西方哲學，在此一新的理解基礎所引動的世紀末心靈風暴之下，在未來的不久，能夠和東方的智慧緊密地融合爲一個新的世界文明。因爲，我們已經親眼目睹了它的璀璨黎明。

參考書目

外文書目

1. Ferdinand de Saussure：*Course in General Linguistics*, edited by Charles Bally and Albet Sechehaye, in collaboration with Albert Riedlinger, translated by Wade Baskin, The Philosophical Library, Inc., Taipei, 1959.
2. Ludwig Wittgenstein：*Tractatus logico-Philosophicus*, translated by D. F. McGuinness, Routledge & Kegan Paul Ltd., London, 1974.
3. Ludwig Wittgenstein：*Notebook 1914-16*, Edited by G. E. M. Anscombe and G. H. von Wright with an English translation by G. E. M. Anscombe, Basil Blackwell, 1961。
4. David Hume：*A Treatise of Human Nature*, Oxford, second edition, 1978.
5. David Hume：*Enquiries concerning Human Understanding and concerningthe Principles of Morals*, Oxford, third edition, 1975.
6. *Dictionary of Philosophy*, by Peter A. Angeles, Harper & Row, New York, 1981.

中文書目

1. 《金剛般若波羅蜜經》,《大正藏》，冊八。
2. 《妙法蓮華經》,《大正藏》，冊九。
3. 《大般涅槃經》,《大正藏》，冊一二。
4. 《六祖大師法寶壇經》,《大正藏》，冊四八。
5. 《續僧傳》,《大正藏》，冊五十。
6. 《大梵天王問佛決疑經》,《續藏經》，冊八七。
7. 《楞伽經》，臺北市善導寺，臺灣印經處出版。
8. 《中國禪宗史》，印順著，正聞，1989 年，六版。

9. 《佛家名相通釋》，熊十力著，廣文，臺北，1987 年。
10. 《中國禪學》（冊三、四），程兆熊著，今林，臺北，1985 年。
11. 《完人的生活與風姿》，程兆熊著，大林，臺北，1984 年。
12. 《中印佛學之比較研究》，李志夫著，中央文物供應社，臺北，1986 年。
13. 《楞伽大義今釋》，南懷瑾述著，老古，臺北，1991 年。
14. 《禪宗源流與修持法》，月溪禪師著，天華，臺北，1980 年。
15. 《禪宗思想的形成與發展》，洪修平著，佛光，高雄，1991 年。
16. 《禪海之筏》，陳榮波著，志文，臺北，1989 年。
17. 《佛學常見詞彙》，陳義孝居士編，靈山講堂，臺北，1984 年。
18. 《普通語言學教程》，索緒爾著，弘文館，1985 年。
19. 《索緒爾》，喬納森・卡勒著，張景智譯，桂冠，臺北，1992 年。
20. 《語言哲學——意義與指涉理論的研究》，黃宣範著，文鶴，臺北，1983 年。
21. 《語意學——理論與實際》，謝康基著，商務，臺北，1991 年。
22. 《名理論》，維根斯坦著，牟宗三譯，學生，臺北，1987 年。
23. 《邏輯哲學論》，維根斯坦著，郭英譯，唐山，臺北，1989 年。
24. 《哲學探討》，維根斯坦著，張新方譯，海國，臺北，1987 年。
25. 《維特根斯坦》，趙敦華著，遠流，臺北，1988 年。
26. 《韋根什坦底哲學概念》，K. T. Fann 著，胡基峻譯，黎明，臺北，1975 年。
27. 《人類理解研究》，休姆著，仰哲，臺北，1987 年。
28. 《休姆》，A. J. Ayer 著，李瑞全譯，聯經，臺北，二版，1985 年。
29. 《博藍尼講演集》，Michael Polanyi 著，彭淮棟譯，聯經，臺北，1985 年。
30. 《六大觀念——眞、善、美、自由、平等、正義》，Mortimer J. Adler 著，蔡坤鴻譯，聯經，臺北，1991 年。
31. 《數學導論》，R. Courant & Herbert Robbins 著，吳定遠譯，水牛，臺北，1992 年。

小　記

在尚未接受批評之前，我不太能確定這篇論文是否眞如我所設想般地有所突破。不過，我唯一能確定的就是，以下的老師、朋友所給予我的鼓勵：

在我念淡江中文系時，楊祖漢老師感動了我，使我起念繼續研讀中國哲學，如此才有目前所有的一切。在西方哲學方面，鄺錦倫老師很親切地和我討論哲學的一些基礎的問題，使我眞正落實平日一些思考上的方法。李杜老師則給予我西方哲學最完整的整體概念，讓我得以進入西方哲學的堂奧。最後，則是受到了李明輝老師的激發，特別在康德對休姆哲學的根本考察上，給予了我莫大的啓發。在佛學方面，完全是李志夫老師將我帶進門的，從小到大，我壓根就沒有想過我會和佛學有任何瓜葛，是李老師給了我最根本的力量來面對世尊的教誨，使我無所懼地直接向內心尋找智慧的本源。最後，賦與我這篇論文血脈的，當然就是程兆熊老師了，程老師的智慧直接觸動了我，讓我猶如迷子返家般地沉浸在禪宗的天地裡。我一直無法解釋爲何我對禪學似乎有一種無比的熟習之感，每每程老師談到禪宗公案時，我就很難遏抑想大笑的衝動，似乎是碰見極熟的刁鑽老友一般。而程老師也不以爲忤，縱任我狂想妄談。我想，沒有程老師的包容，這篇論文是萬萬不可能寫出的，更何況期待它造成一些眞正的提升呢！

我也必須感謝我的朋友曾若愚、劉桂光、劉淑敏和林硯華，沒有他們的鼓勵和激盪，這篇論文至少會失去大半，而僅剩一些胡言亂語。

最後，在一切上支持我的，當然是我的父母、家人和女友。沒有他們，依我偏烈的性格，我根本就不可能活到此刻，對我而言，這是再眞實不過的事實了。